마르크스는 인간을 어떻게 보았는가?

마르크스 철학에서 "인간 본질" 개념

마르크스는 인간을 어떻게 보았는가?
마르크스 철학에서 "인간 본질" 개념

지은이 죄르지 마르쿠스
옮긴이 정창조

1판 2쇄 발행 2021년 4월 2일

펴낸곳 두번째테제
펴낸이 장원
등록 2017년 3월 2일 제2017-000034호
주소 (13290) 경기도 성남시 수정구 수정북로 92, 태평동락커뮤니티 301호
전화 031-754-8804
팩스 0303-3441-7392
전자우편 secondthesis@gmail.com
페이스북 facebook.com/thesis2
블로그 blog.naver.com/secondthesis

ISBN 979-11-90186-06-3 93120

이 도서의 국립중앙도서관 출판예정도서목록(CIP)은
서지정보유통지원시스템 홈페이지(http://seoji.nl.go.kr)와
국가자료공동목록시스템(http://www.nl.go.kr/kolisnte)에서
이용하실 수 있습니다.(CIP제어번호: CIP2020021016)

# 마르크스는
# 인간을
# 어떻게
# 보았는가?

마르크스 철학에서
"인간 본질" 개념

악셀 호네트, 한스 요아스 서문
죄르지 마르쿠스 지음
정창조 옮김

ㄴㅁ

일러두기

1. 이 책은 저자 죄르지 마르쿠스György Markús가 아그네스 헬러 등과 함께 헝가리어로 출간한 *Marxizmus és antropológia: Az emberi lényeg fogalma Marx filozófiájában* (Akadémiai Kiadó, 1968)을 MODEM-VERLAG에서 악셀 호네트와 한스 요아스의 서문을 추가하여 2014년 개정 복간한 영어판 *Marxism and Anthropology: The Concept of 'Human Essence' in the Philosophy of Marx*를 완역한 것이다.

2. 원서 주석은 모두 미주로 처리했으며, 이외의 옮긴이의 추가 설명은 본문에 주석으로 처리했다. 원서의 이탤릭체는 고딕체로 바꾸어 표시했다. 도서 제목에는 겹화살괄호(《 》)를, 이외 매체에는 홑화살괄호(〈 〉)를 사용했다.

3. 외국 인명, 지명은 국립국어원의 외래어 표기법과 용례를 따랐다. 다만 국내에서 이미 굳어진 인명과 지명의 경우 통용되는 표기로 옮겼다. 의미 전달을 위해 필요한 경우 원어나 한자를 병기했다.

# 차례

# 서문

악셀 호네트 & 한스 요아스

죄르지 마르쿠스는 이 책에서 인간 사회성의 유기적 조건과 역사적 발전 가능성이라는 두 가지 주제를 탐구한다. 이 철학적 탐구는 역사에 개방되어 있는 인간 본질 내지 본성 개념을 정식화하려고 시도한다. 이러한 시도는 종種적으로 특수한 인간 존재의 천성을 확립하려고 하는 비역사적 인류학*의 추상적 시도와 주체 없이 구성된 구조주의적 역사 개념 사이에 놓이게 될 것이다. 마르쿠스의 연구는 카를

---

\* [옮긴이] 'Anthropology'는 보통 '인류학'으로 번역되며 이 책에서도 하나의 독립 분과 학문으로서의 '인류학'을 지칭하는 표현으로 사용되는 경우가 많다. 그런데 오늘날의 인류학은 생물학적인 차원에서부터 사회, 문화적인 차원에 이르기까지 굉장히 넓은 범위에서 인류 내지 인간을 다루기에, 이 번역어가 인간에 대한 학문 내지 담론 일반과 일정 부분 구별되기 힘든 것도 사실이다. 따라서 이 번역서에서는 '독립 분과로서의 인류학'과 '인간에 대한 학문 내지 담론 일반'을 표현상 구별하기 위하여, 저자가 하나의 독립 분과로서의 인류학을 지칭하기 위하여 'Anthropology'라는 단어를 쓴 경우에는 '인류학'이라는 번역어를 채택할 것이며, 인간에 대한 학문 및 담론 일반을 의미할 때에는 이 용어를 '인간학'으로 번역할 것임을 미리 밝혀둔다.

마르크스의 초기 저작에 그 단초가 나타나 있는 인간학을 상세하게 해석하면서 동시에 마르크스의 후기 경제학적 저작들에 드러난 논증 구조에 이것이 미친 영향을 다룬다.

저자는 마르크스가 자본주의 경제 이론을 전개할 때 초기 저작들에 나타난 근본적인 인간학적 전제들을 수용하고 있다고 언급하면서 연구를 시작한다. 마르크스는 '공산주의' 개념을 다루면서 경제적 필연성에 따라 자본주의에 뒤따르는 사회구성체를 정치학적, 경제학적 관점에서 특징지을 뿐만 아니라, 자본주의보다 규범적으로 더 우수하며, 더 많은 자유를 인정하는 인간 유類의 역사적 발전 단계를 도덕적, 실천적 관점에서 묘사하기도 한다. 정치경제학 비판은 인간 존재의 맹아적 형태에서 자연적으로 나타나는 자유의 가능성을 실현할 수 있게끔 해 주는 인간 유의 역사에서 벌어지는 진보의 과정을 내재적으로 나타낸다. 이렇게 인류학적으로 정초된 유의 발전 가능성이 마르쿠스의 관심 대상이다. 그는 인간 유가 획득한 특별한 위상과 함께, 인간이 획득한 이러한 지위가 자연적인 진화-과정의 결과일지라도 그것은 사회-문화적인 삶의 형태와 함께 자연적인 진화의 한계 밖으로 나아간다는 사실과 더불어 연구를 시작한다. 마르크스의 말을 빌리자면, 인간 존재는 감각적인sensuous 자연적 존재이기도 하지만, 특별히 인간적인 유적 존재이기도 하다. 인간 존재는 노동이라 불리는 활동을 통하여, 스스로를 모든 인간 이하subhuman([옮긴이] 생물학적으로 subhuman은 '사람족Hominini'에 속하는 '사람아족Hominina' 중 멸종한 종을 지칭하는 용어이기도 하다.)의 생명 형태와 구별한다. 즉 마르쿠스는 동물적인 행동의 구조와 인간 활동 능력 사이의 이러한 차이에 토대를 두고서, 인간 존재의 유적으로 특수한 발전 가능성을 규정하려고 한다.

> "노동은 인간과 자연 사이의 현실적이고 역사적인 관계를 구성하고, 동시에 인간과 인간 사이의 근본적인 관계를 규정한다. 즉 노동은 인간 삶 전체의 기반을 형성한다."

동물은 지각운동과 수의운동voluntary movement을 포함한 심층적인 본능 체계가 인도하는 생명 활동으로 제한된다. 반면에 인간 유는 노동과 함께, 욕구하는 주체와 주체의 욕구 충족을 매개하는 활동 형태를 드러낸다. 본능을 따르는 행동에서 점차 벗어남으로써, 인간 유는 자연의 제한으로부터 스스로를 해방시킨다. 이제 인간 존재는 노동을 통하여 직접적인 욕구의 강제 없이도 자연과 스스로 관계를 맺을 수 있다. 또 인간은 도구에다가 스스로를 동물과 구별시켜 주는 이러한 활동 양식의 객관적인 형태를 부여한다.

인간 존재에게 주어진 본래의 '자연 환경'이 '문화적 환경'으로 전환되어 가면서, 노동 대상과 자연 대상에서 인간 존재가 가공한 흔적들이 지속적으로 증가한다. 반대로 인간 존재가 유기적으로 수행할 수 있는 활동 능력의 전유는 역

사적으로 진전된 자연의 가공과 함께 이루어진다. 계속해서
범위가 확장되어 가는 노동 과정에서, 인간은 자연의 규칙
을 본인의 활동을 지도하는 원리로 만든다. 동시에 인간 존
재는 자연에 대한 활동을 통하여 자신의 욕구를 충족할 수
있는 가능성을 높일 수 있기 때문에, 그 자신이 요구하는 욕
구 또한 더욱더 커지게 된다. 자연의 전유는 개별 노동 과정
을 통해 가능해지는 욕구의 충족과 그러한 욕구의 충족을
통해 생산된 욕구의 확장이라는 나선형적 구성을 따른다.
마르쿠스는 마르크스로부터 차용한 한 쌍의 개념들을 사용
하여, 인간이 자연을 전유하는 것과 인간 주체성을 전개하
는 것 사이의 이러한 상호관계 및 상호작용의 총체를 '인간
의 자연화', '자연의 인간화'(본문 43쪽)라고 부른다.

　마르크스는 노동, 즉 인간 유의 독특한 활동 형태에서,
인간 존재가 의식적으로 사회적으로 자신을 둘러싼 자연 환
경과 스스로 관계를 맺는다는 점을 전제한다. 따라서 마르
쿠스는 이러한 인간 활동 구조의 기초 위에서 발전하는 인
간 유의 역사가 시작되는 조건을 확립시켜 주는 인간 존재
의 두 가지 특징들을 더 규명하고 묘사할 수 있었다. 첫째,
자연에 대한 집단적인 노동 활동은 그 과정에서 필연적으로
이 활동의 주체들이 다른 동료들의 기능과 관계를 맺게끔
한다. 상호주관적인 사회 구조는 기원적인 노동 분업에서
발견되는 협업 관계로부터 성장한다. 게다가 특정 세대의
기술적 지식은 노동 과정에서 다음 세대에 전수되어야만 한

다. 즉 사회화 과정에서 인간 유는 영속적인 생존의 기회를 획득한다. 둘째, 이러한 노동 과정은 또한 인간 존재에 고유한 것이라 할 수 있는 자기-인식을 위한 본래적인 전제조건이다. 본능에 인도되는 동물의 행동과는 대조적으로, 자연 대상과 직결된 인간 존재의 활동은 욕구 충족과 즉각적으로 뒤섞여 버리지 않기 때문에, 인간은 자연과의 관계에서 본능에 대한 직접적인 호소를 할 수 없었으며, 오히려 자신에게 객관화되는 자신의 행위 의도를 의식할 수 있다. 노동 과정에서 인간 존재는 자연 밖으로 나아가면서도 그 스스로의 욕구-성향need-disposition에 따르는 행위자, 행위 주체로서의 자신을 경험한다. 이렇게 심리학적 차원에서 자기 자신을 자연 및 스스로의 활동과 떨어뜨려 놓음으로써, 인간은 자연 환경에 의식적으로 영향을 미칠 수 있는 방식으로 자신을 둘러싼 자연 환경으로부터 스스로를 분리하는 능력을 발전시킨다.

따라서 상호주관성과 의식은 마르크스 인류학에서 노동 구조에 내재한 유적 특성이며, 인간 존재는 자연적인 진화의 과정에서만 그 능력을 습득할 수 있었다. 인간들은 노동을 통해 세 가지 특별히 인간적인 특성들을 구성하며, 인간 유의 발전 가능성 역시 이 특성들과 연관된다. 마르쿠스는 마르크스를 따라 인간 삶에 본질적인 이 능력들의 보편화 과정을 사회적 해방의 과정으로 규정한다. 이렇게 사회적 해방을 이해하게 되면, 인간 유의 역사 또한 진보하는 과

11

정으로 나타나게 되며, 이 과정에서는 인간 활동의 가능성이 실현되는 범위 역시 자연에 대한 경제적 전유의 정도가 성장하는 것처럼 증대되어 간다. 마르쿠스는 이러한 방식으로 경제적 합리성의 기준뿐만 아니라 실천적이고 도덕적인 합리성의 기준을 활용하여, 정치경제학 비판을 자본주의 사회구성체에 대한 비판으로 이행시킬 수 있었다.

인간 존재의 인식 능력이 자연의 문명화와 함께 더 발전한다는 것을 증명해 주는 한 쌍의 축을 활용함으로써, 노동에 대한 유적으로 특수한 능력의 보편화가 나타날 수 있다. 노동 과정에 구조적으로 내재한 상호주관성의 보편화는 그중 하나의 축으로 기획될 수 있다. 처음에는 그저 가정되었을 뿐인 인간 유의 통일이, 서로 분리된 모든 생산 공동체들 간의 경제적으로 필수적이면서도 점진적인 연계가 진전됨에 따라, 궁극적으로 '세계-역사적인 사실, 경험적으로 보편적인 사실'이 되기 때문이다. 다음으로 인간 의식 능력의 보편화는 추측컨대, 생산적인 사고가 사회적 노동 과정의 진전으로부터 점차 분리됨에 따라 생존 욕구로부터 점차적으로 자유로워지는 현실성의 전유 형식이 일반화된다는 또 다른 하나의 축을 따라 나타날 수 있을 것이다.

마르쿠스는 마르크스 이론의 인류학적 토대를 해석하면서 인류학과 역사 유물론을 매개하는 데 결국 성공했다. 이 매개는 정치적, 경제적 범주들을 사용하여 인간의 사회성이 애초부터 개방된 역사 과정의 구조와 조화를 이루는 유기적 조건임을 이론적으로 받아들일 수 있게끔 해 준다. 역사 유물론은 인간 유 특유의 활동 가능성을 인간학적으로 재구성함으로써, 인간이 자연을 가공하는 일이 확장되어 감에 따라 인간의 활동이 성취가 항상 불확실한 과정 속에서도 자신의 주체성을 전개하고 실현하는 것을 배워 가는 사회적 차원임을 계속 고수하는 것이다. 이러한 방식으로 마르크스는 '인간 본질' 개념의 생물학적 내용들을 포기하지 않으면서도 그 개념을 역사화한다.

"마르크스는 주로 역사를 발전하는 경향을 지진 연속적인 통일의 과정으로 파악할 수 있게끔 해 주는 인류의 현실적인 역사적 현존의 성격들을 '인간 본질'이라고 보았다. 인간의 보편성과 인간의 자유는, 인류의 역사적 진보 방향을 나타내 준다. 한편 인간을 물질적인 생산적 자기-활동과 연관된 의식적인 사회적 존재로 특징짓는 것은 역사적 경향이 펼쳐지는 토대위에서 이루어지는, 그리고 그 역사적 경향이 발현되는 영역들에서 이루어지는 이 총체적 발전 과정의 필연적인 특성들, 필연적인 차원들과 관련이 있다."(본문 89-90쪽)

# 서론

우리가 마르크스의 '철학적 인간학'을 정당하게 말할 수 있을까? 그럴 수 있다면, 이 인간학은 역사 유물론 개념과는 어떤 관계를 맺고 있을까? 우리는 마르크스에 대한 비판적 작업들, 부르주아적 해석가들의 작업에서뿐만 아니라, 마르크스주의 철학자들의 작업에서도 자주 이 질문과 마주한다. 이 책의 목표는 마르크스의 초기 저작인《경제학 철학 수고》(이하《수고》로 표기)에서 특히 중요한 역할을 하는 '인간 본질'[1] 개념에 대한 분석을 토대로 이 질문들에 대답을 내놓는 것이다.

우리의 분석이 우선적으로는《수고》에 기반하고 있을지라도, 이 책에서 사용될 해석 방법을 정당화하기 위해서 먼저 다음과 같은 확신을 미리 언급해 두려고 한다. 즉《수고》는 인간 본질에 대한 철학적 개념, 더 일반적으로는 인간과 역사에 대한 철학적 개념을 이미 구성해 냈으며, 마르크스의 '성숙한' 후기 저작에서도 그것과의 연속성이 나타나고 발견된다는 확신 말이다. 후기 저작들은 《수고》에서 다루어진 문제의식에 대한 최초의 고찰과 비교해 보았을 때, 분명 변화되고 수정된 내용들을 포함한다. 그러나 **오직** 청년 마르크스의 저술들에서만 광범위하게 논의된 철학적 생각들을 받아들이지 않는다면, 후기 저작들을 온전하고 정확하게 이해할 수 없을 것이다. 따라서 우리가 마르크스의 인간 본질에 대한 철학적 혹은 '인간학적' 개념을 그의 역사 유물론과 연결시키지 않는다면(우리는 루카치를 따라 이 복잡한 문제를 총체적으로 마르크스의 사회적 존재론이라 부를 수 있을 것이다), 우리는 마르크스에 대한 비판의 역사에서, 그리고 마르크스주의 철학 자체의 역사에서 끊임없이 재생산되어 온 풀리지 않는 이율배반에 휘말려들게 될 것이다. 한편으로 우리는 인간학적으로 인간의 '참된 본성'에서부터 이끌어진 일종의 도덕적 공준postulate으로 해석된 마르크스의 공산주의 이론[2]을, 더 나쁘게는 종말론적 신앙 내지는 초월적인 목표로 여겨지는 마르크스의 공산주의 이론을 목도한다. 다른 한편으로 우리는 마르크스가 인간을 역사 안에 용해시켜 버렸다고, 그리고 역사를 물질적인 측면에서건 지성적인 측면에서건 절대적으로 결정된 사건, 시대, 사회-경제학적 구성체들의 단순한 연속 안에 용해시켜 버렸다고 비난하는 소리를 자주 듣고는 한다. 이 주장들은 그럼으로써 마르크스가 모든 가치들을 상대적인 것으로 만들어 버렸고, 결과적으로 역사 현상들에 대한 보편 타당한 판단, 비-실용적 판단은 불가능한 것으로 여겼다고 말한다. 실제로 이러한 접근은 수많은 마르크스주의자들이 유물론적 역사 개념을 이해해 왔던 방식이며, 이러한 류의 마르크스주의 사상의 공통 경향 가운데에서도 가장 최근의 변종들 중 하나인 루이 알튀세르와 그의 학파의 이론적 '반-인간주의'가 이해되어 온 방식이기도 하다.

그러나 표준적인 여러 해석에서 철저히 모순적인 것으로 나타나는 인간 역사에 대한 이 두 가지 접근은 마르크스 본인에게서 하나로 통일된다. 그리고 우리의 과제는 이 통일의 가능성과 의미를 발견하고 보여주는 것이다. 마르크스에 따르면 공산주의 사회는 한편으로는 자본주의의 발전이라는 사회적 조건에 의해 초래된 객관적이고 주관적인 모순들에 대한 역사적-실천적 해결이라는 특징을 가지며, 이러한 의미에서 인간 발전의 '필연적인' 단계이기도 하다. 그리고 '진정한 사회주의자(마르크스의 젊은 시절 친구인 모제스 헤스도 그들 사이에 포함되어 있다)'에 대한 마르크스의 논박은 인간의 참되고 영원한 본성에 대한 고찰로부터 공산주의의 필연성을 '연역'하려는 시도에 대한 비판이라는 점에서 주목할만하다. 한편으로 우리는 마르크스에게 공산주의가 '역사적 필연성'[3]에 의하여 자본주의에 뒤이어 오게 될 '더 높은' 단계를 의미할 뿐만 아니라(즉 자본주의적인 사회적 삶의 형식과 공산주의적인 삶의 형태 사이의 관계는 인과적-시간적 관계일 뿐만 아니라), 이 두 사회적 삶 간의 **역사철학적**historiosophical, **도덕적**

대비이기도 하다는 점을 의심할 수 없다. 마르크스는 도덕적이라 확신할 수 있는 인간 사회의 발전 형태로서, 공산주의를 모든 적대적인 '전사前史(역사 이전)' 시기와 대비한다. 공산주의 사회 안에서 인간들은 "그들이 가진 인간 본성에 가장 알맞고, 가장 적합한 조건들 아래에서"[4] 자연과의 물질대사를 실현할 것이라는 사실에 기초해서 말이다. 이 표현은 마르크스의 초기 저작이 아니라 《자본》에서 인용한 것이다.[5] 청년 마르크스와 후기 마르크스 간의 연속성을 철학적-인간학적 이념의 차원에서 드러내려고 하는 시도를 정당화하기 위해서, 우리는 1844년 《수고》뿐만 아니라, 후기 마르크스의 경제학적 저작과 수고 들도 적절하게 참조할 것이다.

# 1

## 보편적인 자연적 존재로서의 인간

인간이란 무엇인가? 마르크스는 유물론적 자연주의의 전제에서 출발하여 이 오래된 철학적 질문에 대답하기 시작한다. "인간은 자연의 일부이다."[1] 즉 인간은 자연의 비-의식적이면서도 인과적인 과정에 의해 현존하는 감성적이고 물질적이며 자연적인 존재이다. 더 나아가 인간은 **살아 있는** 자연적 존재다. 인간은 스스로의 생명-활동*에 의해 실현 및 보장되는 자연과의 끊임없는 물질대사를 통해서만 생존할 수 있다. 인간은 "**능동적인 자연적 존재**"[2]이다. 그러나 모든 자연적 독립체들entities처럼 인간도 **유한**하고 **한계를 가진** 존재이다. 이는 한편으로 인간이 의존적-조건적이며, 무언가를 수동적으로 겪는 존재라는 것을 의미한다. "그가 충동을

---

* [옮긴이] 'life-activity'라는 용어는 자연적, 생물학적, 동물적 의미가 강하게 나타날 경우 '생명 활동'으로 번역할 것이며 의식적, 인간적, 사회적이라는 의미가 강하게 나타날 경우 '삶의 활동'으로 번역할 것이다.

느끼는 대상들은, 그가 스스로의 본질적인 능력들을 훈련시키고 확증하는 데 본질적이고 필수적인 대상이자, 그가 욕구하는 대상들임에도 불구하고, 말하자면 그의 외부에 독립적으로 현존한다."[3] 이 대상들은 인간으로부터 독립적으로 현존하면서도 인간 스스로의 현존에 없어서는 안 되는 것으로서, 말하자면 인간의 **비유기적**inorganic 신체를 구성한다. 즉 그것들은 "객관적이고, 자연적으로 주어진 인간 주체성의 **비유기적** 신체를 구성한다."[4] (이 관계는 일반적으로 인간과 동물 양자에게 동일하게 해당된다.) 한편으로 인간은 자연적-생물학적 피조물로서 다수의 욕구와 충동, 자연적인 힘과 능력을 부여받았다는 점에서도 한계가 있다.

일반적으로 말해서, 분석을 할 때 마르크스는 자연적-생물학적 존재로서의 인간을 **재료**로 사용하지만, 생물학적 종으로서의 **호모 사피엔스**의 형성으로 이어지는 인간 발생anthropogenesis의 과정에는 관심을 기울이지 않는다. 그가 관심을 두는 것은 확실히 자연적인 인간의 발전이 아니라 사회적-역사적인 인간의 발전이다. 이 탓에 혹자들은 마르크스가 최초의 과정, 즉 일반적으로 말해 인간의 활동에서부터 독립적으로 나타나는 모든 자연적인 진화의 과정을 원칙적으로 파악할 수 없는 것이라 여겼다고 주장한다. 예컨대 코스타스 악셀로스는 다음과 같이 말한다. "인간 역사의 완전한 시작에 대한 질문은 대답되지 않은 채로 남아 있다. 마르크스는 이러한 질문을 의미 없는 것이라 여겼다. 왜냐하면 그것은 감각-경험의 영역에서 해결될 수 있는 것이 아니기 때문이다. 그러므로 역사는 완전한 시작을 갖지 않는다. [...] 그는 논리적으로 이해할 수 없는 것을 존재론적으로 현존하지 않는 것이라 선언했다."[5] 그러나 이는 마르크스의 관점을 일정 부분 잘못 이해한 것이다. 마르크스는 다음과 같이, 오직 다음과 같이 말할 뿐이다. "모든 인간 역사의 첫 번째 전제는 물론 살아 있는 인간 개인들의 현존이다. 확립되어 있는 최초의 사실은 자연에 대한 개인들의 신체적 유기체이고, 그 결과로 발생한 개인들과 자연 사이의 관계이다. 물론 우리는 여기서 인간의 신체적 본성이나 인간이 스스로를 발견하는 자연적 조건, 즉 지질학적, 측량학적, 기상학적인 것 등을 논의할 수 없다. 모든 역사학은 이러한 자연적 기초들, 즉 인간의 행위를 통해서 자연의 토대에서 일어난 변용에서 출발해야 한다."[6] 훗날 마르크스는 다윈주의 이론을 열정적으로 수용했는데, 이는 그가 이 문제에 대해 가지고 있던 초기의 이론적 경향을 고려해 볼 때, 충분히 개연성이 있다.[7]

"그러나 인간은 단순한 자연적 존재가 아니다. 그는 **인간적인 자연적 존재다.**"[8] 마르크스의 철학적 노력은 주로 **인간만의 독특한** 특징들, 즉 유적 존재(가퉁스베젠, Gattungswesen)로서의 특징을 분석하는 것으로 향해 있다. 유감스럽게도 독일어 'Gattungswesen'이라는 용어는 영어로 '종적 존재species being'로 받아들여지는데, 이 번역어는 마르크스에 의해 사용된 독일어 표현 가퉁스베젠의 한 측면, 즉 그 용어 자체에 함축된 인간과 동물 사이의 대비라는 측면을 담아 내지 못한다. 왜냐하면 《수고》에서 마르크스는 어디에서나 동물들을 어떤 유genus, Gattung에 귀속되는, 그 유의 지배 아래 있는 어떤 종들species의 구성 요소일 뿐이라고 말하기 때문이다. 한편으로 인간은 하나의 유의 존재, 즉 가퉁스베젠이다.* 즉 우리는 인간이 유genus의 존재, **유적generic** 존재라고 말할 수 있을 것이다. 유적 존재에 속하는 자연적인 것들, 자연적 종들species은 계속해서 증가한다.[9] [[옮긴이] 이는 동물과는 다르게 인간은 단순히 생물학적 '종'에 국한된 채 종의 규준과 욕구에 따라 생산하지 않으며, 오히려 "모든 종의 규준에 따라 생산할 줄 알고(《경제학 철학 수고》, 강유원 옮김, 이론과 실천, 2006, 94-95쪽.)", 이로써 모든 종을 보편적으로 통제하고 자신의 비유기적 신체로서 귀속시킬 수 있다는 것을 의미한다. 인간이 단순히 '종'이 아니라, '유적 존재'인 것은 바로 이러한 이유 때문이다.]]

인간과 동물을 대비하는 것은 단순히 용어 선택과 관련된 문제에서 그치는 것이 아니며, 마르크스가 명확하게 논의한 것이기도 하다. 인간과 동물 사이의 차이가 존재하는

---

* [옮긴이] 마르크스와 관련한 한국의 번역서 및 저작들에서는 보통 가퉁스베젠의 영어 번역어 'species being'을 이 단어의 독일어적 의미에 맞게 유적 존재로 번역한다. 그러나 이 책은 'generic being'을 보통 '유적 존재', 즉 가퉁스베젠의 의미로 사용하기에, 옮긴이도 한국어 역본에서 이러한 마르쿠스의 의도를 적극 반영하고자 한다. 따라서 이 번역서는 'species'를 이따금 '종'으로 번역하였으나, 이 용어가 Gattungs의 의미로 쓰였을 경우에는 '유'나 '유적'으로 번역하였다. 한편 이 책에서는 'generic'이나 'genus'를 대개 '유' 내지 '유적'으로 번역하였으나, 이것이 Gattungs의 의미를 온전히 담아 내지 못하거나, 생물학적 분류법과 맞닿아 있을 경우에는 때때로 '종' 혹은 '속'屬이라 번역하였다.

본질적인 이유는 인간과 동물 각자의 생명 활동에서 발견된다. "생명 활동의 양식에서 한 종species의 온전한 특성이, 즉 그것의 유적인 성격이 나타난다."[10] 동물과 인간은 모두 활동을 통해서만 스스로의 욕구를 충족할 수 있다. 그러나 동물의 활동은 욕구에 맞게 주어진 자연적 대상을 점유하고 소비하는 데 국한되며, **능동적인 욕구-충족 과정과 직접적으로 일치한다.** 그러므로 그것은 **제한된** 생명 활동이다. 첫째로, 동물의 생명 활동은 그것의 행동과 필연적으로 관련을 맺을 수 있는 환경적 대상들의 범위로 거의 뚜렷하게 제한되고 제약되어 있다. 즉 일반적으로 말해 보자면 동물의 물리적, 화학적 속성들은 유전적으로 정해진 그 동물의 욕구에 상응하며, 여기에서 벗어날 수 있는 종은 없다. 달리 정식화해 보자면, 동물이 욕구하는 대상은 소비의 대상과 직접적으로 일치한다. 둘째, '목표'로서의 대상뿐만 아니라 이 활동의 단순 구성 요소, 즉 동물의 기초적인 '능력' 역시도 동물의 생물학적 구조에 따라 본질적으로 불변하는 것으로서 고정되고 결정된다. 그래서 그 능력은 원칙적으로 동물의 행동이 유기적으로 조직화되어 있는, 즉 동물의 생명 활동에 내장되어 있는 자연법칙의 범위에 따라 제한될 뿐이다. "동물의 자리, 그것의 특성, 삶의 양식은 직접적으로 선천적인 것이다."[11] 동물의 활동도 당연히 선천적이며 본능적인 행동의 형식으로 단순히 축소해 버릴 수는 없다. 왜냐하면 그 행동의 형식에는 해당 유기체가 개별적으로 획득해 온 적응 습관 및 그 유기체가 자기 삶의 역사에서 드러내 온 반응들의 그 물망이 덧씌워질 것이기 때문이다. 그러나 종들에 대한 생명-생리학적 기본 구조에 따르면, 이들은 미리 규정되어 있으며, 영속적인 특성을 갖는 한계 속에서 자신이 습득한 반응들을 항상 유지한다.

마르크스는 동물과 인간 사이의 차이를 개략적으로 다음과 같이 말한다. "객관 세계에 대한 실천적 창조, 즉 **비유기적**inorganic **자연에 대한 노동**은 인간이 의식적인 유적 존재라는 점을, 즉 인간이 자신의 유를 스스로의 본질로 여길 수 있는 존재이자 스스로 유와 관계 맺는 존재라는 점을 해명Bewahrung해 준다. 물론 동물들도 생산한다. 꿀벌, 수달, 개미처럼 동물들도 둥지 및 거주할 장소를 스스로 건설한다. 그러나 동물은 오직 스스로와 자기 새끼에게 직접적으로 필요한 것만을 생산한다. 동물이 일면적인 방식으로만 생산하는 반면, 인간은 보편적으로 생산한다. 동물이 직접적인 신체적 욕구의 지배 아래에서 생산하는 반면, 인간은 신체적 욕구로부터 벗어나 자유롭게 생산하며, 유일하게 이러한 욕구로부터 진정으로 해방된 상태에서 생산한다. 동물은 오직 그 자신을 생산할 뿐이지만, 인간은 자연 전체를 재생산한다. 동물의 생산은 직접적으로 자신의 물리적 신체에 속해 있지만, 인간은 자유롭게 자신의 생산물을 마주한다. 동물은 오직 자신이 속한 종의 기준과 욕구에 따라서만 집을 짓지만, 인간은 모든 종들에게 적합한 표준에 따라 생산하는 방법을 알며, 어디에서나 노동 대상에 적합한 고유한 기준을 어떻게 적용해야 하는지를 안다."[12]

그래서 개인은 자신의 독특한 삶의 활동으로, 그 활동을 통해서, 동물과 구별된다. 이 특히나 인간적인 삶의 활동은 더 넓은 의미에서 보자면, 철학적인 의미에서의 **노동**이다.[13] "인간은 의식consciousness에 의해, 종교나 그밖에 다른 것에 의해 동물들과 구별할 수 있다. 인간은 자신의 신체 유기체가 요구하는 것, 즉 생존 수단을 생산하자마자, 스스로를 동물들로부터 구별하기 시작한다. 생존 수단을 생산함으로써, 인간은 간접적으로 자신의 물질적 삶 그 자체를 생산하는 것이다."[14] 따라서 "인간이 스스로가 **유적 존재**임을 처음으로 증명하는 것은 실제로 대상 세계에 대한 이러한 노동을 통해서이다."[15] 노동은 인간과 자연의 현실적이고 역사적인 관계를 구성하며, 동시에 인간과 인간 사이의 근본적인 관계를 규정한다. 즉 노동은 인간 삶 전체의 기초를 형성한다.

노동은 무엇보다도 직접적으로가 아니라, **매개를 통해서** 욕구를 충족하려는 활동이다. 노동은 대상을 인간적 쓸모에 적합하게 만들어 낸다. 자연적으로 주어졌거나 (보통은) 인간이 만든 도구라는 다른 대상의 도움을 받아 노동 대상을 변형시키거나 형성해 냄으로써 말이다. "노동은 무엇보다도 인간과 자연 모두가 참여하는 과정이고, 인간이 자신의 활동을 통하여 자신과 자연 사이의 물질대사를 매개하고, 규제하며 통제하는 과정이다."[16] 이 매개는 (1) 매개하는 활동으로서, 즉 **살아 있는 노동** 그 자체로 나타난다. 이는 노동 대상을 인간의 쓸모('소비')에 맞게 만들어 내거나, 그렇게 만드는 것을 가능하게 해 주는 활동이다. (2) 또한 이 매개는 인간이 자기 자신과 자신이 욕구할 수 있는 잠재적 대상을 중재하는, 그의 활동을 지휘하고 전환시키는 역할을 하는 **노동도구**로 나타나기도 한다.[17] 동물의 노동 도구, 즉 동물의 **기관** organ[18]은 통제되지 않는 장기간의 생물학적 진화 과정에서만 발달되고 변화한다. 반면, 인간은 자신으로부터 분리되어 있고 독립되어 있는 대상의 형태 속에서, 갈수록 더 복잡해지는 생산수단을 창조해 낸다.《자본》에서 마르크스는 인간은 '도구를 만드는 동물'이라는 프랭클린의 정의를 재천명한 바 있다.

이렇게 특별히 인간적인 삶의 활동을 첫 번째로는 그 활동의 대상, 즉 자연과 연관하여, 두 번째로는 그 활동의 주체, 즉 개인과 연관하여 물질적으로 매개되는 활동인 노동으로 특징짓는 것은 무엇과 결부되어 있고, 무엇에서 기인하는 것일까?

1.

특별히 인간적인 형태의 행동은 이미 주어진 대상들을 통해 욕구를 즉각적으로 충족시키면서가 아니라, 자연적 실체의 물질적 형태를 유용한 것으로 전환시키면서 구성되기 때문에, 그 행동은 끊임없이 그것이 포괄할 수 있는 환경적 사물들과 물질들의 범위를 증대시킨다. 한편으로 노동은 사물들을 인간 소비에 적합하게 만들어 내고, 그래서 소비할 수 있는 대상들의 범위를 확대시키는 결과를 낳는다. 다른 한편으로 전환된 형태로도 개인적으로 소비될 수 없는 대상들에게는 생산 활동 자체의 수단으로 유용하게 응용될 수 있는 가능성이 발견될 것이다. 그래서 인간 사회에서는 개인적 소비(후에 마르크스가 말하는 것처럼, "개인들의 소비적 생산")와 함께, 그리고 개인적 소비를 넘어서서, "생산적 소비"가 출현하고 발전한다. 즉 "이미 많이 사용되어서 그것의 본성적 형식, 본성적인 구성을 상실한 원자재의 소비"와 함께 "사용을 통해 닳게 되는 생산수단의 소비"[19]가 출현하고 발전한다는 것이다. 따라서 동물적 삶에서는 구분되지 않는 '유용성'과 '소비'라는 범주가 인간의 경우 의미상 역사적으로 갈라지게 된다. 사회적 생산의 발전과 함께, 인간에 의해 사용되는 대상의 총체에서 개인적으로 소비되는 대상들이 차지하는 비중은 계속해서 줄어들게 되는 것이다. 애초에 인간 존재는 물적 삶에서, 생계를 위한 활동에서, 그것들이 현재 성장한 정도에 맞추어 자연을 **전유**aneignen하며, 이 과정에서 자신의 '비유기적 신체'도 역사적으로 계속 성장해 나간다. 인간과 자연 간의 상호관계는 생물학적 제약에 의해 엄격하게 결정된다기보다는 더더욱 복잡하고, 다양한 모습으로 나타나게 된다.

2.

"(역사적 생산 과정에서 인간 개인들의) 이 재생산은 어떤 차원에서는 주체들에 의한 대상의 전유로 나타날지라도, 다른 차원에서는 주체적인 목적에 맞게 대상을 형성하고 예속시키는 것으로, 즉 대상을 주체적 활동의 결과이자 집적체로 전환시키는 것으로 나타난다."[20] 생산은 주체인 인간이 자연을 대상으로 전유하는 것을 의미할 뿐만 아니라, 주체적 행위자와 그의 활동을 **대상화/객관화**Vergegenständlichung하는 것이기도 하다. 생산물에서 "노동은 대상화되고, 대상은 가공된다. 노동자에게 불안정Unruhe한 형태로 나타났던 것은 이제 안정된ruhende 속성을 갖는 생산물로, 즉 존재 형태in der Form des Seins로 나타난다."[21] 동물적 활동의 결과로서 어떤 환경적 대상들이 구체화되고, 또 다른 어떤 대상들은 동물의 물리적 신체에, 즉 종의 생명-순환 고리에 맞춰진다. 그리고 그 종들의 생명 순환은 그들을 둘러싼 환경과 그 종들 사이의 안정된 균형을 낳는다. 자연적으로는 노동도 다양한 인간 욕구의 충족을 향해 있다. 그러나 인간이 만든 대상들은 생산 과정에서 인간적 환경의 지속적 요소들이 되면서 영속적인 것으로 나타난다. 그래서 인간을 둘러싼 환경은 변화에 종속되며, **인간 자신에 의해 인위적으로** 도입된다. 인간과 인간이 처한 환경 사이의 균형은 인간의 활동에 의해서만 확보되고 유지될 수 있을 뿐만 아니라, 그 활동에 의해 끊임없이 교란되기도 하고, 이로써 그것의 더 넓은 기반 위에서 재창조되기도 한다. 일반적으로 역사 발전이란 이전 세대와 현재 세대가 수행한 생산 활동의 결과이자, 인간 능력을 구체화하고 '인간의 본질적 힘menschliche Wesen-krafte'을 대상화한 기초 요소들인 **사회-문화적 환경milieu**으로 자연 환경을 대체하는 것이다. "이러한 생산이 인간의 능동적인 유적 삶이다. 생산을 통해서 자연이 **그의 노동**으로, 그의 활동으로 나타나게 된다. 따라서 노동 대상은 **인간 유적 삶의 대상화/객관화**이다. 즉 인간은 스스로를 지성적으로, 의식적으로 복제verdoppelt해 낼 뿐만 아니라, 활동적이고 현실적인 의미에서 자신이 만든 세계 내에서 그 스스로를 발견한다."[22] 마르크스가 포이어바흐를 비판하면서 지적했듯이, 조야한 낡은 유물론은 인간을 둘러싼 감각적이고 경험적인 세계가 직접적인 방식으로, 영원한 것으로서 주어진 자기-동일적인 추상적 자연이 아니라는 점을 알지 못했다는 사실에서 한계가 있다. 세계의 가장 단순하고 일반적인 대상조차도 실은 "역사적 산물이며 그러한 의미에서 산업의 산물, 사회 상태의 산물, 연속되는 이전 세대의 활동 결과이다. 각 세대는 선행하는 세대에 의존해 왔고, 그 위에서 자신의 산업과 교류를 형성해 왔으며, 변화된 욕구에 따라 자신의 사회적 질서를 변경해 왔다"[23]는 점을 낡은 유물론은 받아들이지 못했던 것이다.

그렇다고 마르크스 이전의 유물론에 대한 비판이 인간을 둘러싼 세계가 그 이전에 수행된 인간 활동의 흔적을 담지하고 있는 것이라는 사소한 진실로 자연스레 축소될 수는 없다. 마르크스의 '대상화/객관화' 개념은 단순히 인간이 인공적 대상들을 자신의 욕구에 적합하게 만들어 냈다는 사실만을 드러내지 않는다. 대상화/객관화는 현실적인 인간의 삶 속에서 이 대상들이 기능하는 특정한 방식에서, 이 사실과 결부된 환경과의 관계에서 **원칙적인 변화**가 일어났다는 것을 보여준다. 물론 인공적일 뿐만 아니라 자연적이기도 한 모든 대상들은 구체적 상황의 필요에 따라서 다양한 방식으로 사용될 수 있다. 우리는 유리잔으로 무언가를 마실 수도 있지만, 그것을 누군가에게 던질 수도 있으며, 그것을 종이를 누르는 데 사용하거나, 나비를 잡아다가 그 안에 넣어 놓을 수도 있다. 자연의 대상은 그것의 유용성의 양식과 연관해서는 '중립적'이라고 말할 수 있는 반면, 인간 노동의 생산물로 대상화된 것은 그렇지 않다. 현실적인 사회적 삶의 맥락 속에서, 대상들은 그것의 규준적이고 **적합한 쓸모**를 갖는다. 대상들은 사회적으로 그것의 쓸모가 새롭게 받아들여지지 않는 한, 시스템 상에서 그것에 적합한 쓸모를 벗어날 수 없다. 유리잔은 무언가를 마시기 위해 만들어진다. 거칠게 말해서, 유리잔은 시스템 상에서 공통적으로 이러한 기능으로 사용될 때에만 유리잔이다. 인간의 생산물은 **규준과 사회적 사용 규칙의 그물망** 안에서, 일반적으로 말해 '관습' 속에서 현존한다. 그 생산물은 그것의 규정성, 그것의 '의미'를 이로부터 획득하며, 이에 따라 그것에 적합한 활용 목표와 활용 양식도 제한된다. 대상은 실질적으로 이러한 쓸모에 맞게 창조되기 때문에, 즉 오직 그 쓸모에 맞춰서만 물질적으로 만들어지기 때문에, 이 대상에 작용하는 규준은 그 대상의 물리적 틀에서 구현된다. 인간이 만든 대상이 인간 능력의 **대상화/객관화**라는 것은 이러한 의미에서이다. 즉 대상들은 (그것에 상응하는 사용 규칙을 내면화하고 있다는 점에서) 각각의 개인들이 '전유'해야만 하는 활동의 양식과 방법을 물질적으로 재현한다. 그것은 최소한 인간을 둘러싼 환경의 가장 일반적인 기초 요소라는 점에서, 개인이 그가 속한 사회의 규준적인 인간 삶을 이어 나갈 수 있게끔 만들어 주는 것이다. 그래서 자연과는 대조적으로 사회적 삶은 그것의 가장 기본적인 형태에서조차 이 규준에 의해 패턴화되는 것으로 나타난다. 그리고 노동의 생산물은 이 규준을 물적으로 담지하고 있는 것으로 나타난다.[24] 즉 생산물들은 단순한 **대상**이 아니라 사용**가치**이다.

인간이 전적으로 새로운 것을 시작할 수 없고, 이전 세대가 성취해 놓은 지점에서부터만 발전을 지속할 수 있는 것은 위에서 말한 바와 같이 인간이 인간화된 세계에서 살아가기 때문이다. 즉 과거부터 진화해 온 인간의 능력

과 욕구 들은 이미 마련된 물적 형식으로부터, 객관화/대
상화된 가공물로부터 그가 출생하기 이전에 진행된 사회
적 발전 전체의 결과로 마주하는 것이기 때문이다. (사회
화의 주요한 차원 중 하나를 구성하는) 인간화된 대상을 '전유
Aneignung'하는 과정에서 개인은 역사적으로 창조되며, 이
환경의 요소들에 대상화/객관화되어 있는 사회적 욕구
와 능력을 생생한 개인적 욕구와 기술로 전환시킨다. 그
리고 이러한 방식으로 **물질적-실천적으로** 전통을 **이어 나
가는** 것은 역사적 **연속성**의 기초를 구성하며 동시에 사회
적 **진보**를 가능하게 해 주는 사회 속에서 실현된다. 그래
서 오직 인간 본질의 대상화/객관화로서의 노동만이 **역
사** 자체의 가능성을 창조한다. "인간은 스스로의 삶을 **생
산**해야만 하기 때문에, 그것도 한정된 방식으로 그렇게
해야 하기 때문에 역사를 갖는다."[25]

그러나 노동은 대상을 변화시킬 뿐만 아니라, 노동하는
주체 자신을 변화시키기도 한다. 즉 노동은 외부 자연을
변형시킬 뿐만 아니라, **인간 본성** 자체를 변형시킨다. "촌
락이 도시가 되고 황무지가 농지가 되는 것처럼, 재생산
의 행위에서는 객관적 조건들이 변화될 뿐만 아니라, 생
산자들 역시 변화한다. 그들이 스스로에게서 새로운 질
quality을 이끌어 낼 수 있도록 하면서, 즉 새로운 힘과 이
념, 새로운 교류 양식, 새로운 욕구와 새로운 언어를 발
전시키게끔 하면서 말이다."[26]

3.

인간이 새로운 대상들을 역사적으로 창조하는 것, 즉 대상들을 생산수단이나 소비품으로 만드는 것은 인간이 자신의 활동을 자연의 새로운 영역으로 확장시키는 것일 뿐만 아니라, 주체적 행위자로서 자신의 새로운 능동적 힘을 발전시키는 것이기도 하다. 새로운 소비 대상의 출현은 인간이 자신의 욕구를 만족시키고 충족Genuss[27]하는 새로운 양식 및 잠재력이 출현했다는 것을 의미하며, 이와 마찬가지로 새로운 노동 도구의 출현은 새로운 생산 기술 및 능력이 형성되었다는 것을 의미한다. "이 힘[생산력]을 전유하는 것은 그 자체로 물적 생산수단에 상응하는 개인적 능력이 발전되었다는 것을 의미한다. 이러한 이유에서, 생산수단 전체를 전유하는 것은 개인들이 스스로 가진 능력들 전체를 발전시키는 것이다."[28]

따라서 사회적 부를 축적하는 것은, 어떤 측면에서 인간 능력을 축적하는 것에 상응한다. "현실적으로 '축적된' 것은 단지 죽은 덩어리로서가 아니라 살아 있는 무언가, 즉 노동자의 **기술**이고 노동의 발전 정도다(물론 [...] 인간이 그 출발점으로 삼는 노동 생산력의 현 발전 단계는 노동자의 능력, 역량으로 나타날 뿐만 아니라, 동시에 이 노동이 대자적으로 창조해 온, 그리고 매일 재창조하는 객관적 도구[organon]에서 나타나는 것이기도 하다). 이것이 참된 **시작**prius, 즉 출발점이고 이 출발점은 발전의 결과이다."[29] 일반적으로 우리는 인간이 자신의 능력을 대상화/객관화함으로써만, 본인의 능력을 형성하고 발전시킨다고 말할 수 있다. 한 대상을 역사상 처음으로 생산하는 것은 주체가 지닌 기술skills과 연관해서 보면 보통 불충분하기 마련이다. 그러한 생산은 보통 '우연적 사건'에서 기인한 것, 즉 불완전한 당대의 능력들로 그 대상을 창조해 낼 수 있었던 상황들의 결합에서 기인한 것이기 때문이다(이 '우연'은 어떠한 인간적 개입도 없이 자연적으로 발생한 것일 수도 있지만, 그것보다 더 고차원적 단계라 볼 수 있는 인간의 능동적인 탐구의 결과일 수도 있다). 오직 생산 과정이 규칙적으로 되풀이될 때에만, 인간은 본인의 활동 형식에 숙달될 수 있다. 즉 이때에야 인간들은 '본인의 힘을 발휘하는 것'에 숙달될 수 있으며, 그에 상응하는 기술을 본인에게 필수적인 능력으로서 발전시킬 수 있다.[30]

무엇이 새롭게 획득된 생산 능력의 내용을 객관적으로 구성해 주는가? 어떤 생산수단에 대한 주체적 전유는 지향하는 목표 실현에 필수적인 물적 관계로 노동 재료와 노동 도구를 활용하는 노동자에게 필수적인 활동 형식을 포함한다. 그렇게 형성된 기술은 자연과의 객관적인 관계를 주체의 활동으로 전환시키는 것으로 나타난다. 개인은 새로운 생산 능력을 발전시킴으로써 활동을 시작하고, (생물학적) 본성의 법칙이 아닌 자연법칙을 행위 원리로 전환한다. 노동(적어도 그것의 발전된 형식들)은 "자연의 힘을 예속시키고, 인간의 욕구를 충족하는 데 그 힘이 작동하게끔 강제한다."[31] 결론적으로 개인은 계속 확장되어 가며 원칙적으로 무한한 자연적 규칙들과 그가 자연과 맺는 상호관계를 자신의 활동 법칙이자 원리로 전환시킬 수 있다. 마르크스가 (괴테의 은유를 사용하여) 주체를 "자연의 힘Naturkrafte을 들이마시고 내뿜는"[32] 존재라 이름 붙인 것은 이러한 의미에서이다.

4.

모든 인간의 행위는 그 자체로, 현재 수행되고 있는 활동을 결정하는 어떠한 욕구[33]가 선재함을 전제한다. 그러나 계속되는 사회적 재생산의 역사 과정에서 욕구와 생산 활동 사이의 이러한 관계는 전도된다.

물론 노동이라는 인간 활동은 인간의 생물학적 구성에 맞게 고정된, 그 구성에서부터 유래하는 주어진 욕구 체계를 역사적으로 전제한다. 그럼에도 물적 생산이 영원하며 불변하는 '자연적' 욕구로 가정된 것들의 충족을 지향하는 활동으로 이해되어서는 안 된다. 현실적으로 생산을 지도하며 결정하는 욕구들은 이러한 '원초적이고' 추상적이며 생물학적인 욕구가 아니라, 그 자체로 역사 발전의 산물이라 할 수 있는, 즉 이전에 수행된 물적 생산 활동이 진보한 결과라 할 수 있는 사회적인 욕구이다. "[...] 욕구는 생산물들이나 다른 종류의 노동 기술과 마찬가지로 생산된 것이다. [...] 역사적 욕구, 즉 생산 그 자체에 의해 창조된 욕구이자 사회적 욕구, 다시 말해 사회적 생산과 상호 교류의 자손이라 할 수 있는 욕구는 **필연적인 것**으로 받아들여지며, 현재의 발전된 부의 수준에 적합한 것으로 상정된다. 물질적으로 고려해 보면, 부는 수없이 다양한 욕구들로 이루어져 있다."[34]

그리고 인간은 물적으로 새로운 대상을 생산하고 창조해 낼 때에만, 그 대상에 대한 새로운 사회적-집단적 욕구를 불러일으킬 수 있다.[35]

욕구의 이러한 역사성은 인간 특유의 삶의 활동인 노동의 특성에 토대를 두고 있다. 이는 다음과 같다.

a)

인간의 욕구-충족 대상은 자연적으로 주어진 환경적인 것들이 아니라, 무엇보다도 생산으로 야기된 대상들, 즉 인간의 물질적 활동을 통해 변형되고 형성된 자연적 실체이다. 따라서 구체적이고 역사적인 개인들의 욕구는 신체적, 화학적 속성들 등등에 맞추어져 있는 것이 아니라, 그 자체로 사회적이고 역사적인 특성을 갖는 생산물들에 맞추어져 있다. '생물학적'이며 유전적으로 고정된 인간의 욕구조차 그것의 '형태와 방향' 만큼은 역사 과정에서 변화한다.[36] 그래서 자연과학의 범주만 가지고서는 욕구의 구체적인 내용을 충분히 묘사할 수 없다. 마르크스는 인간의 욕구 중 하나인 **배고**

품의 사례를 활용하여 이 사실을 보여준다. 마르크스는 다음과 같이 말한다. "[…] 생산은 소비에서 끝난다. 일반적으로 대상은 대상 일반이 아니라 특정한 방식으로 소비되어야만 하는 특정한 대상, 즉 생산이라는 매개를 통해 전환된 대상이다. 배고픔은 배고픔이지만, 나이프와 포크를 사용해 요리된 고기를 먹는 것으로 충족되는 배고픔은 손, 손톱, 이빨로 날고기를 먹어치우는 것과는 다른 배고픔이다.

따라서 생산은 대상을 생산하는 것일 뿐만 아니라 소비의 방식을 생산하는 것이기도 하며, 객관적으로 생산할 뿐만 아니라 주관적으로 생산하기도 한다. 그러므로 생산은 소비자를 창조한다."[37]


b)

물적 재생산이 연속적으로 이루어지는 과정에서는 기원 및 내용 차원에서 직접적으로 사회적인 새로운 욕구가 진화한다. 노동의 매개적인 특성, 즉 인간의 활동이 도구라는 다른 대상의 매개를 통해 그 대상을 지향하는 탓에, 어느 누구도 다 소비할 수 없지만 사회적으로는 지극히 필수적인 생산물에 대한 사회적 욕구가 출현한다. 마르크스에 따르면, 이 '생산적 욕구'의 역동성이 역사 발전을 추동하는 주요한 힘 중 하나이다. "많은 경우에 욕구는 생산에서 곧장 출현하거나 생산에 토대를 둔 특정 상황에서 곧장 출현한다. 세계 무역은 개인적 소비에 대한 욕구가 아니라, 생산에 대한 욕구를 거의 전 지구적으로 호전시킨다."[38] 그리고 생산에 대한 이러한 사회적 욕구 곁으로는 "**사회적으로 받아들여지는** 개인의 욕구, 즉 그가 사회 안에서 한 개인으로서 소비하고 느끼는 욕구가 아니라, 타자들과 공통적으로 소비하고 느끼는 욕구도 있다. 개인들의 소비 양식은 사물의 본성에서부터 사회적이다."[39] 마르크스는 우리가 현재 경제적 '하부구조'의 요소로 여기는 생산물에 대한 사회적 수요뿐만 아니라, (마르크스가 《자본》에서 화폐에 대해 말한 것처럼) 이러한 대상들에 대한 사회적 욕구, 즉 '그것의 특별한 사회적 기능으로부터 파생되는' 유용성, 예컨대 화폐와 같은 사회적 대상에 대한 상품 생산자 사회의 욕구도 의심할 여지없이 여기에 포함시킨다.

c)

(적어도 그것의 현실적인 인간적 내용에서는) 유전적으로 주어진 생물학적 욕구들이 단순하게 인간화된 것이라 볼 수 없는 새로운 유형의 **개인적** 욕구들(더 일반적으로 말해서 사회적으로 받아들여지는 활동의 동기들)은 사회 내 물적 삶의 과정이 갖는 특수한 성격, 무엇보다도 노동 자체의 사회적이고 의식적인 본성으로부터 출현한다.[40] 그 욕구들 중 어떤 것은 **인정** 욕구와 같이, 인간 실존 일반을 특징짓는 것일 수 있다. 비록 그 욕구의 "형태와 방향성"이 역사 과정에서 변화한다고 할지라도 말이다. 어떤 다른 욕구들은 더 좁은 의

미에서 역사적이다. 이 욕구들은 (예컨대 공평무사한 과학적 호기심에 대한 동기처럼) 역사 발전의 특정 단계에서 처음 성립된 것이거나 (예컨대 마르크스가 종교적 욕구에 대해서 생각했던 것처럼) 특정한 역사적 시대, 특정한 사회구성체에서만 효력이 있는 것이기 때문이다.[41] 사회의 물적 삶의 과정으로부터 출현한 이 질적으로 새로운 욕구의 출현만이 물적 생산과 나란히 자연과 인간에 대한 인간적 전유의 새로운 양식이 출현하는 것을, 즉 새로운 '영적' 혹은 '정신적'geistige 생산 형태가 출현하는 것을 설명해 준다. "종교, 가족, 국가, 법률, 도덕, 과학, 예술 등은 오직 생산의 **특수한** 형태일 뿐이고, 그것들은 생산의 일반 법칙에 종속된다."[42] 인간과 자연의 관계는 고정된 생물학적 제약에 비해 더 복잡한 것이면서도 그 제약으로부터 자유로운 것일 뿐만 아니라, 그것이 가진 일면적인 **유용한** 특성을 계속해서 상실하고 있는 것이기도 하다.[43]

경제적 삶의 다양한 영역과 계기들, 즉 생산, 분배, 교환과 소비 사이의 상호 관계에 대한 마르크스의 분석을 요약해 보면 다음과 같다. "우리는 생산, 분배, 교환, 소비가 동일한 것이라는 결론에 도달하지 않는다. 오히려 우리는 그것들이 모두 한 총체성의 구성 요소, 즉 하나의 통일 내부에서의 차이를 형성한다는 결론에 도달한다. 생산은 생산의 대립적인 규정에서 자기 자신뿐만 아니라 다른 계기들도 포괄한다. 그 과정은 생산으로부터 항상 새로운 것을 다시 시작한다."[44] 이 연속적인 사회적 재생산 과정에서, 활성화되지 않은 모든 사물들과 고정된 규정들은 용해되고 재-창조되며 변화하고 이 사물들, 규정들은 역사적으로 상호 연결된 인간 개인들 및 각 세대의 결코 끝나지 않는 실천의 계기가 된다. "생산 등과 같이 고정된 형태를 갖는 모든 것은 이 운동 속에서 한낱 계기로, 즉 이내 사라지는 계기로 나타난다. 직접적인 생산 과정 자체는 여기서 오직 계기로만 나타날 뿐이다. 그 과정의 조건들, 그 과정의 대상화/객관화는 생산의 계기와 동등한 것이다. 그리고 생산의 유일한 주체는 개인, 그러나 상호 관계 안에 있는 개인이다. 그 개인들은 재생산 하면서도 새로운 것을 생산한다. 개인들의 운동은 계속해서 이어지는 과정이며, 그 과정 안에서 개인들은 스스로가 창조하는 부의 세계를 갱신하면서, 스스로를 갱신한다."[45]

그러나 무엇보다도 생산과 욕구의 변증법과 인간 욕구의 역사적 생산 탓에, 노동 과정은 사회에서 지속적으로 갱신될 뿐만 아니라, 일반적으로 더 넓어진 기반 위에서 갱신된다. 노동 과정은 자연과 인간 양자에 영향을 미친다는 점에서, 양적으로도 질적으로도 더더욱 **보편적인** 것이 된다. 그리고 만약 노동이 인간의 본질적인 활동을 구성하는 것이라면, 인간은 본질적으로 **보편적인 자연적 존재**일 것이다. 인간이 자연의 모든 대상을 **잠재적으로나마** 자신의 욕구와 활동의 주체적 재료로 전환시킬 수 있다는 점에서, 그리고 인간이 모든 자연적 힘들을 "들이마시고 내뱉을" 수 있다는 점에서 말이다. 즉 인간은 자연법칙의 무한한 범위를 스스로의 행위 원리로 전환시킬 수 있으며, 그래서 계속해서 확장되는 자신의 환경을 더 넓혀 갈 수 있다. "인간의 보편성은 자연 전체를 자신의 **비유기적** 신체로, 즉 1. 삶의 직접적인 수단으로는 물론이고, 2. 삶의 활동 재료, 대상, 도구로도 만들어 낼 수 있는 보편성에서 실천적으로 나타난다."[46]

이러한 점에서 인간의 보편성은 특별히 인간적인 활동이라 할 수 있는 노동에 **내재한 경향**에서만 특징지을 수 있다. 우리가 앞서 지적했던 것처럼, 이러한 철학적 노동 개념은 단순히 기술적인technical 활동으로 축소될 수 없으며, 어떠한 사회 형태 속에서도 항상 현존하는 인간의 물적인 자기-변환 활동을 지칭한다. 그리고 각각의 역사적 시대에서, 즉 주어진 각 시기들의 사회적-경제적 구성체 내부에서, 보편성을 향해 가는 이러한 경향의 **실현 정도와 한계, 실현 양식**을 결정하는 것은 이 사회 형태, 역사적으로 구체적인 사회 형태, 즉 사회적 생산관계의 역사적 유형이다. 마르크스는 분명히 "생산의 모든 특성과 운동을 결정하는 것"[47]은 생산관계라고 강조했다. 생산관계는 단순히 거스를 수 없다고 가정된 '기술적' 발전 과정을 가속화하거나 둔화시키는 것, 그것을 "촉진하거나 저해하는 것"이 아니라, 일반적으로 그 기술적 발전이 물화되어 현실적인 사회적 조건을 규정해 주는 것이다. 첫째로, 이 발전이 상정할 수 있는 방향을 확립해 주는 것은 사회적 생산 조건이다(마르크스가 생산관계를 생산력의 발전 형태라고 말하는 것은 이러한 의미에서이다). 예컨대 마르크스는 자본주의 산업에서의 생산의 발전과 수공업 길드 체계에서의 생산의 발전 사이의 차이를 반복적으로 지적한다. 수공업 길드 체계에서는 본질적으로 개별 생산물을 만들어내는 기술 방식이 사용가치를 지향한다.[48] (그래서 그것은 결국 경제적으로 비생산적인 방향성을 띠는 발전을 지향한다.) 반면 자본주의 산업에서는 대량생산과 노동 과정의 합리화 등을 통하여 사회적 부, 즉 가치나 잉여가치를 생산하는 것을 목표로 한다. "생산의 주요한 힘, 즉 인간 존재"를 일면적, 제한적인 것으로 만들어서라도, 객관적인 생산력을 무제한적으로 향상시키는 방식으로 말이다.[49] 둘째, 생산관계의 현존 형태가 **축적**의 성격과 속도를 (무엇이 축적될 수 있는지, 어느 **규모**로 축적될 수 있으며, **누구**에 의해서 축적될 수 있는지를) 결정하며, 이를 통하여 생산의 경제적 확장 가능성과 범위도 결정된다. 오직 자본주의에서만 생산의 질적이고 양적인 확장이 경제 시스템 작동의 필수적인 선재 조건이 된다. 전-자본주의적인 다른 모든 사회-경제적 구성체들에서는, 노동 과정에서 보편화되어 온 역사적 경향이 그 자체로 굳어지게 되며, 더욱이 그것은 언제나 그 경제적 조직 자체의 형태가 정초해 놓은 **장벽**에 부딪치게 된다. 이 사회들에서는 성장의 속도가 둔화될 뿐만 아니라, 어떤 사회의 경우에는(마르크스가 종종 논의한 '아시아적인 정체stagnation') 노동의 주체적이고 객관적인

42

요인들의 진보적 발전을 굳건히 가로막는 다양한 사회적 메커니즘이 존재하기도 한다.[50] "자본은 부 그 자체의 생산, 그러니까 생산력의 보편적 발전이자 그것의 현존하는 전제들에 대한 지속적인 극복을 자본의 재생산의 전제로 나타낸다. 자본의 이러한 보편화 경향은 [...] 부의 발전을 저해하는 이전의 모든 생산 단계들과 구별된다."[51]

이러한 인간적 보편화의 역사적 과정은 이중적 성격을 가진다. 그것은 한편으로 **인간의 자연화**, '비유기적 신체'의 성장으로, 즉 인간 활동이 적응해 가는 자연 현상과 상호 관계 영역의 확대로 나타난다. 인간은 제한된 자연적 존재에서 항상 더 보편적인 자연적 존재로 되어 간다. 한편으로 이 과정은 "자연의 제약Naturschranke을 물리치는" 것으로, 즉 **자연의 인간화**로 나타난다. 점점 더 많은 인간의 물질적 환경 요소들이 이전 시대의 노동 생산물, 본질적인 인간 힘의 대상화/객관화가 되면서, 인간 활동을 통한 자연의 변형이 계속 이루어지는 것이다. 그래서 인간과 자연의 '통일'은 물적 사회적 활동인 생산에서 실현된다. 즉 이 통일은 인간 존재에 최초로 주어진 고정된 존재론적 사실이 아니라 역사의 진보 속에서, 역사의 진보를 통해서 전개되는 과정이다. "자연에 대한 인간의 본질은 오직 **사회적** 인간에게만 현존한다. 따라서 사회는 인간과 자연의 완결된, 본질적인 통일이며, 참된 부활이고, 인간에 대한 자연주의와 자연에 대한 인간주의를 완성한다."[52] 그러므로 자연의 인간화와 인간의 자연화는 동일한 과정의 두 가지 양상이다(비록 역사 과정에서 이 두 가지가 시간적으로, 관계적으로 서로의 것과 분리되고 대립하게 될지라도 말이다). 마르크스는 《수고》에서 특히 즐겨 사용한 동일성의 기호 '즉sive'을 사용하여 이 두 양상의 통일을 표현한다. "자연에 대한 **인간의** 본질 혹은 인간에 대한 **자연적** 본질"[53] 혹은 "역사는 그 자체로 자연사의 실제 부분이며, 자연의 인간으로의 발전이다."[54]

이 인용에서 이미 나타난 것처럼, 마르크스는 이중의 차원으로 노동을 바라본다. 우선 그는 인간의 생산 활동을 주로 **인류학적–사회학적** 성격을 가진 과정으로, 즉 역사 과정에서의 인간의 자기-창조와 자기-전환으로 검토한다. "사회주의적 인간에게서 [...] 전체의 역사, **이른바 세계사**는 인간이 노동함으로써만, 인간에게 자연이 출현Werden함으로써만 창조된다. 그는 자기-창조, 즉 스스로의 형성 과정이라는 명증적인, 반박의 여지가 없는 증거물을 갖는다."[55] 한편 마르크스는 노동을 **자연적–진화적** 성격을 갖는 과정으로, 자연 진화의 최상의 형태이자 최상의 유형으로 여기기도 했다. "노동Arbeit은 살아 있는, 형태가 부여된 불이다. 즉 그것은 살아 움직이는 시간에 의해 형성된 것으로, 사물의 순간성이며 일시성이다."[56] 물론 마르크스가 우주적인 장대함이 몽땅 노동에서 (혹은 더 일반적으로 말해서 인간에게서) 기인한 것으로 본 것은 아니다. 전체로서의 보편자의 발전에 대해 말하는 것은 확실히 아무런 의미도 없다. 그러나 우리에게 알려진 부분적 자연과 연관해서 보자면, 노동은 가장 효과적이며 일반적인 자연 발전의 형식이자 양식으로 나타난다. 따라서 노동을 자연적 대상들을 인간 욕구와 소비에 적합하게 만들어 내는, 순수하게 외적인 개조로만 단순하게 받아들여서는 안 된다.

# 2

## 사회적·의식적인 자연적 존재로서의 인간

　　노동하는 존재로, 따라서 보편적인 존재로 인간을 특징
짓는 것만으로는 마르크스의 '인간 본질' 개념을 아직 철저
히 밝혀냈다고 말할 수 없다. 앞서 묘사한 인간 존재의 특징
들은 그 자체로 어느 정도는 그 특징들을 보완해 주면서 어
느 정도는 이미 그 특징들 내부에 이미 함유되어 있는 추가
적인 속성들을 암시한다. 그것들은 우리의 이전 논의에서도
암묵적으로 이미 전제되어 있었던 것이다. 우선 인간은 **사회
적 존재**다. 즉 인간은 공동체적 존재Gemeinwesen이고 유적 존
재Gattungswesen이다. "인간 본질Menschliches Wesen은 인간의 참
된 공동체이며, 인간은 자신의 본질적 활동을 통해서 인간
공동체, 사회성을 창조하고 생산한다. 즉 단일한 개인과는
대립되는 추상적이면서 보편적인 힘이 아니라, 모든 단일한
개인, 그 개인의 활동, 삶, 정신, 자신이 소유한 부의 본질인
사회성gesellschaftliches Wesen을 창조하고 생산한다."[1]

사회적 존재로 인간을 특징짓는 것은 서로 밀접하게 연관된 두 가지의 계기를 함축한다. 그것은 한편으로 만약 인간이 다른 인간들과 접촉하고 교류하지 않는다면, 개인은 참된 인간 존재가 될 수 없고, 인간적인 삶을 살 수 없다는 것을 의미한다. (무엇보다도 사회계약론이 암시하는) 일종의 사회학적-형이상학적 원자로서의 인간이라는 개념, 공동체와 무관하게 그것의 본질적인 본성에서부터 정의되는 인간 존재는 마르크스가 보기에 스스로를 상품 생산 사회에서 구체화되는 순전히 기능적이고, 비인격적인 관계에 얽매인 것으로 파악하는 개인들의 삶의 조건을 이데올로기적으로 왜곡하여 표현하고 정당화하는 철학적인 환상에 불과하다.[2] (인간의 사회성이라는 측면, 즉 인간 존재의 공동체적 특성은 보통 마르크스가 게마인베젠Gemeinwesen이라는 용어로 묘사한 것이다.) 한편으로 개인은 이전 세대의 개인들이나 자신과 동시대를 살아가는 다른 개인들에 의해서 창조되고 객관화된 그 자신의 삶과 활동 능력, 욕구, 행동과 생각의 형식 등을 전유하고, 그것들에 결합되기 때문에 인간 존재이다. 그래서 인간 개인의 구체적인 인격은 즉자적이고, 고립적인 차원에서조차 사회적 교류와 역사의 생산물로 받아들여진다. "사회적 활동과 사회적 향유Genuss[3]는 직접적인 공동체적 활동과 공동체적인 향유의 형태로만 존재하지 않는다. 내가 **학문적** 활동을 할 때에도, 즉 타인들과 더불어 공동체에서 직접 활동하지 않을 때에도 [...] 나는 사회적으로 활동한다. 왜냐하면 나는 **인간**으로서 활동하기 때문이다. 나의 현존은 사회적 활동일 뿐만 아니라, 내게 주어진 활동의 재료, 즉 사상가들이 활용하는 언어와도 같은 재료도 사회적 산물로 주어진다. [...] 개인은 **사회적 존재**이다. 따라서 개인이 삶에 대해 표현하는 것도 그것이 타자들과 함께 이루어지는 **공동체적** 표현의 형태로 직접 나타나지 않을 때조차 **사회적 삶**의 표현이고 확증이다. 개인 삶의 현존 양식이 유적 삶의 좀 더 특수한 방식이거나 좀 더 보편적인 방식이라 해도, 또는 유적 생활이 좀 더 특수하거나 보편적인 개인적 삶이라 해도, 인간 개인의 삶과 인간의 유적인 삶Gattungsleben은 **다르지** 않다."[4] (마르크스는 보통 이러한 인간 사회성의 측면을 유적인 삶이라는 용어로 표현한다. 물론 이를 표현하는 용어가 언제나 일관되지는 않는다.)

　인간의 삶이 지닌 이러한 사회적 성격의 차원은 애초에 특별히 인간적인 활동인 **노동**에 전제된 것이다. 한편으로 생산은 오직 (직접적으로 실현되건 매개를 거쳐 실현되건) 집단적이고 협동적인 활동으로만 가능할 뿐이다. 개인들의 사회적 생산력이 객관적인 의미에서건 주관적인 의미에서건 상대적으로 미발달된 상태인 한에서, 그리고 인간 활동에 의한 자연의 변형이 상대적으로 미완의 상태인 한에서, 노동은 어떤 사회 집단 내에서 타인들과의 인격적 협업 속에서 이루어진다. 그것은 최소한 '자연적으로 주어진' 공동체 안의 구성원들에 의해 엄격하게 규제되고 규정된 작업이다. "공동체는 그 자체로 최초의 생산력으로 나타나며 [...] 생산이 여전히 단순한 육체노동, 근육의 힘 등을 사용하는 것, 요컨대 개인 노동자에 의한 노력에 기초해 있는 한에서는 개인들이 **대규모로** 협업함으로써만이 생산력이 증가한다."[5] 생산력이 더 발전함에 따라 노동의 '특수화particularization와 개별화' 과정이 실제로 나타날 것이다. 즉 노동은 이제 상대적으로 독립적이며 고립된 생산자들에 의해 성취된다. 이 생산자들의 활동은 더 이상 공동체적 규제와 통제에 직접적으로 종속되지 않는다. 그러나 이러한 개별화 과정은 노동 분업과 교환이 발전할 때에만 가능하다. 그래서 인간들은 서로에 **대해서** 생산하기 시작할 수 있을 때에만이, **서로서로** 협업을 통해서 생산할 수 있게 된다. 직접적으로 공동체적인 생산 형태는 구체화된 사회-경제적 관계의 확장된 관계망에 의해 규정되면서, 그 확장된 관계망에 의존하는 생산 형태의 내적 내용을 구성하는 역사 과정 탓에 대체된다. "인간 존재들은 오직 역사 과정을 통해서만 개인들vereinzelen sich이 된다. 개인은 정치적인 의미에서의 '정치적 동물'이라는 방식은 아닐지라도 본래 **유적 존재**로서, **종족적 존재**Stammwesen로서, **무리를 짓는 동물**로서 나타난다. 교환은 그 자체로 이러한 개별화 Vereinzelung의 주요한 수단이다. 그것은 무리를 짓는 등의 실존을 불필요하게 만들어 버리고 그것을 해체시켜 버린다. 곧 그 요소는 개인이 스스로와, 오직 그 스스로와만 관계를 맺는 방식으로 전환된다. 한편 스스로를 개인으로 받아들이는 수단이 그의 세대, 그의 공동체성을 만들어 낸다."[6] die Mittel

aber [...] sein sich Allgemein- und Gemeinmachen geworden sind 자본주의
적 산업 발전은 또다시 직접적인 집단적-협업 노동을 대대
적으로 재도입하지만, 이 협업의 원리는 이제 외부 **사물들**,
외화된 **사물들**의 형식에서 노동자들과 **대립**한다. 이 협업은
기계들, 자본주의적 공장의 기계 체계의 지배를 받는다. "노
동의 사회적 정신은 개인 노동자들로부터 분리된 대상적 존
재를 획득한다."[7]

한편 다른 개인들과의 실제적 접촉을 경시하는 노동하는
개인의 활동도 항상 그 자체로 사회적-역사적 특성을 갖는
다. 활동 과정에서 사용되는 노동 도구와 그 도구를 사용하
는 기술이 그 자체로 그 활동에 앞서 다른 개인들이 형성해
놓은 생산력과 객관화 능력을 전유한 결과라는 점에서 말이
다.[8] 살아 있는 노동이 이전에 객관화된 노동의 사용과 '소
비'('생산적 소비'로서의 생산)[9]를 통해서만 실현될 수 있다는 것
은 노동이 물적으로 매개된 활동이라는 정의로부터 따라 나
온다. 그러므로 개인의 모든 단독적 생산 활동은 사회적-역
사적으로 규정된 행위다.

앞서 언급한 인간 사회성의 두 가지 측면(공동체적 특성
과 사회-역사적 규정성)이 서로를 전제한다는 것을 쉽게 알아
차릴 수 있다. 개인은 오직 인간 공동체 **내부에서**, 다른 인간
들과의 교류를 통해서만, 역사적으로 창조되고 객관화된 물
적, 정신적 힘을 전유할 수 있다. 아이는 처음부터 인간의 본
질적인 힘이 구현된 인간이 만든 환경, 인간화된 환경에서

스스로를 발견하지만, 이 환경의 요소인 대상의 '적절한' 의미, 인간적인 의미는 이로부터 직접 주어지지 않는다. "인간 존재에게 자연은 객관적으로도 주관적으로도 직접적으로 충분한 형태로 현존하지 않는다."[10] 인간의 대상들은 단순히 인간에게 주어진 것이 아니라 인간에게 **책무로서 제시**된 것이다. 우리는 스스로 그 대상을 사용하고 재생산하는 능력을 발전시키고, 그 대상을 실천적인 **인간적** 대상으로, 즉 인간의 힘이 객관화된 것으로 그 대상과 관계를 맺게 된다. 실천적-사회적 기본 행동 형태와 관련되는 한, 이러한 '배우는 과정', 즉 (주어진 유형의 사회에 대해서) 근본적으로 인간 능력이 발전하는 것은 인간 공동체(예컨대 가족 등)의 실제 현존 형태 안에서 '어른들'의 매개와 도움을 통해서 성취될 수 있다. 이는 인간의 '성장' 과정이 동물과 비교해 보았을 때 왜 그렇게 긴지, 그럼에도 성장 과정의 내용을 구성하는 전유가 인간 능력의 현실적인 역사적 진화 과정과 비교해 볼 때 왜 그렇게 짧은 기간 동안 가능한지를 설명해 준다.[11] 한편으로 우리가 인간의 역사적 진화의 출발점으로 받아들일 수 있는 원시적인 공존 형태, 즉 반쯤은 본능적인 공존 형태를 제외해 보면, 개인들 간의 실제 관계는 구체적 **역사적** 개인들 사이에서 형성되는 관계이며, 이는 직접적으로 생물학적인 관계, 즉 순수하게 '자연적'인 관계가 절대 아니다. 이 관계는 언제나 물적이고 정신적인 교류 형태를 전제한다. 이 교류 형태는 개인들이 이미 정초되어 있는 것, 이미 만들어

51

져 있는 것으로 받아들이는 것이면서, 그들이 삶의 활동 속에서 변형해 가는 것이고, 개인성의 종별적인 특성만큼 그것의 가능한 내용과 범위, 강화와 확대가 제한되어 있는 것이기도 하다.

물론 마르크스는 인간의 물적 삶의 활동이 갖는 사회적 특성에 대한 일반적이고 철학적인 묘사와 분석에서 멈추지 않는다. 그는 역사적으로 주어진 구체성(가장 일반적인 방식으로는 주어진 '인구'population)[12]의 사회적-생산적 삶을 자기-재생산이 가능한 사회적 **총체**로, 역사적 **발전** 과정의 **계기**로 이해하는 것을 우선적인 목표로 삼았다(이는 또한 그가 사회적-생산적 삶의 역사적-실천적 가능성 속에서 그 삶을 이해하려 했다는 것을 의미한다). 그러나 그러한 분석 방법을 다루는 것은 이 책의 범위를 넘어서 있다. 여기서 우리는 사회적 생산에 대한 마르크스의 분석이 가진 일반적인 도식만을 피상적으로 참조할 것이다. 왜냐하면 그것은 우리가 이미 논의했거나 혹은 후에 논의할 문제와 몇 가지 지점에서 관련되어 있기 때문이다. 마르크스는 모든 사회의 경제 구조를 물적 **요소들**과 그것들이 기능하는 조건들Wirkungsbedingungen이 연속적으로 재생산되는 관계 및 제도 들의 체계로 여겼다. 존속하는 모든 사회는 무엇보다도 생산의 **기본적인 잠재적 요인들**, 생산의 객관적이고 주관적인 조건의 지속적이고 반복적인 통일을 보장하는 사회적 메커니즘을 가지고 있어야만 한다. 즉 전체 인구에서 구현되는, 역사적으로 주어진 형태의 노동력으로

52

현존하는 능동적이고 생생한 노동 능력과 (노동 도구나 재료, 자연적 자원들을 포함하는) 생산수단 간의 통일의 메커니즘을 가져야 한다. "생산의 사회적 형태가 어떠하건 노동자와 생산수단은 항상 생산 요소로 남아 있다. 그러나 노동자와 생산수단이 분리된 상태에 있다면, 이 둘은 단지 잠재적 요인들일 뿐이다. 어쨌든 생산이 이루어지려면, 그것들은 서로 결합되어야만 한다sich verbinden. 시대별로 다양한 경제적 사회 구조들이 서로 구별되는 것은 이러한 결합이 성취되는 특수한 방식 때문이다."[13] 생산 과정의 잠재적 요소들 간의 이러한 연결과 통일을 실현하는 사회적 메커니즘을 마르크스는 **생산관계**라고 불렀다. 생산관계는 "사회적 생산물의 분배에 선행하는 생산 **요소들**의 분배를 통해 구성되며, 이 분배를 통해 전제된다."[14] 즉 "생산 과정 그 자체 내에서 구성되었으며, 생산 구조를 결정하는 분배"[15]를 통해서 전제된다. 이러한 분배는 이중의 특성을 갖는다. 한편으로 그것은 서로 다른 인구 집단들 간의 생산수단의 분배(소유 관계)를 의미한다. 다른 한편으로 그것은 기초적인 사회적 분화 형태와 여러 종류의 생산과 경제 일반에 상응하여 사회 구성원들을 분배/분할하는 것(노동 분업 관계)[16]을 의미한다. 이러한 이중의 '분배/분할'을 통해서 인구, 즉 사회의 살아 있는 총체는 기본적인 사회 집단들로 분화되고 계급화된다. 이로써 계급에 속하게 된 개인들은 규정된 사회적 특성을 획득한다. 즉 그들은 특수한 역사적인 **생산 행위자**가 된다. 각각의 생산

관계 유형에서 직접적인 생산자는 농노나 독립된 장인, 임금 노동자로 나타난다. 이들은 각기 봉건 영주, 상인 혹은 자본가와의 관계 및 모순 속에서만 존재한다. 따라서 객관적 요인으로서의 인간과 사물의 관계, 그리고 생산 과정의 조건은 인간들 사이의 사회적 관계를 매개한다. 그리고 이 매개를 통하여 이 사물들 자체는 모종의 규정된 사회적-경제적 질quality을 획득한다. 즉 그 사물들은 이제 이런저런 소유 형태의 특성에서 나타나며, 그것과 연관된 각기 다른 경제적 규정들 속에서 나타난다(그래서 한 시기에 어떤 도구는 그것의 소유주에게 받을 수는 있어도 교환할 수는 없는 사용가치로 기능한다. 다른 시기에 그것은 고정된 가격이 매겨진 교환 가능한 생산물로 기능한다. 이는 그 사회에 마련된 특정한 조건을 이행하는 사람들에 의해서만 그렇게 될 수 있다. 다른 시기에 그것은 전적으로 시장성이 있는, 잉여가치 등을 포함하는 상품으로 기능할 것이다). 그래서 현실적인 사회적 생산 과정에서는 대상이 '물적 내용', 즉 사회적-역사적으로 창조된 유용성을 가질 뿐만 아니라, '사회적 형식'을 가지기도 한다. 앞선 논의와 연관하여, 우리는 사회적 삶 속에서 인간의 생산물은 그것의 '기술적technical' 쓸모 양식을 규정하는 법칙의 관계망에서뿐만 아니라, 그것이 사회적으로 활용되는 조건들과 특성을 규정하는 사회관계망에서도 기능한다고 말할 수 있을 것이다. 생산물은 본질적인 인간 힘의 객관화일 뿐만 아니라, 그 안에 물화되고 구체화된 사회관계를 담지하고 있는 것이기도 하다. 그것들은 생산을 하는 살아 있는 행위자에게서 인격화되는 것이다. 그리고 이러한 방식으로 보면, 살아 있는 노동과 대상의 능동적-실천적 관계(좁은 의미로, 즉 경제적인 의미로는 노동 과정)는 인간들 사이에서 규정된 역사적이고 사회적인 관계의 생산 과정, 재생산 과정이기도 하다. "그것은 그것의 결과로 나타나는 생산 과정의 객관적 조건일 뿐만 아니라, 그것의 **특수한 사회적** 성격이기도 하다. 사회적 관계, 그리고 그 결과로서 나타나는 생산 행위자들 간의 상호적인 사회적 지위, 즉 **생산관계**는 그 자체로 생산된 것이며, 그 과정이 끊임없이 갱신된 결과이다."[17]

물론 개인들의 사회적 특성이 생산 영역, 생산 행위에만 국한되어 있지는 않다. 사회성은 **모든**whole 개인을 특징지으며, 모든 개인 삶의 활동 형태에 스며들어 있다. 마르크스 역시 **탁월한** 사회 활동의 특수하고도 상대적으로 독립된 제도적 영역, 현실 공동체 및 개인들의 직접적인 유대 형태를 대체한 사회적 삶의 영역들이 출현한 결과로서 역사적 과정을 분석한다. 즉 경제 그 자체에서의 (시장) 교환 영역, 그리고 사회적 총체 전반에서의 정치 영역과 정치 영역의 핵심을 구성하는 국가 제도의 출현과 함께 말이다. 이 영역들과 물적 생산 영역의 상호 관계에 대한 검토는 여기서는 논의할 수 없는 유물론적 역사 개념의 가장 잘 알려진 측면 중 하나를 구성한다. 우리는 이 측면이 앞서 언급한 영역들에 관여하고 있는 개인들의 바깥에 있는 어떤 것으로 받아들여질 수 없다는 점을 한 번 더 강조해야만 한다. 이 영역들은 스스로 역사적으로 변화하는 규범들을 발전시킨다. 그리고 이 영역들은 개인들로 하여금 이 활동들과 관련된, 이 활동들에 영향을 받은 사람들에 의해 (역사적으로, 사회적으로 다양한 단계에서) 내재화되고, 받아들여지며, 적극적으로 거부되는 요구들을 가지게끔 한다. 이러한 방식으로 개인들은 좁은 의미에서의 사회적 상호 교류와 의사소통이라는 역사적으로 규정된 능력과 욕구를 받아들이게 되고 발전시키게 된다. 또한 인간의 사회적 삶이 갖는 모든 형태에서 존속되는 인격적 접촉에 대한 욕구는 절대로 이 일반적이고 추상적인 형태에서 나타나지 않는다. 즉 개인들은 단순하게 다른 인간 존재들과 접촉하는 것을 욕구하는 것이 아니라, 사회적으로 형성된 본인의 개성personality의 구조에 상응하는 접촉을 욕구한다. 그래서 인격적 접촉에 대한 일반적 욕구는 언제나 **사회적-인격적 인정**(헤겔적인 의미에서의 '인정'Anerkennung)이라는 역사적으로 특수한 요구로 나타난다.

마르크스는 개인과 사회 사이의 일반적 관계를 다음과 같이 요약된 방식으로 묘사한다. "개인의 발전이 그와 직접적으로건 간접적으로건 교류하고 있는 다른 모든 개인들의 발전에 의해 조건 지어진 것이라는 사실, 서로 관계 맺는 개인들의 다양한 세대들은 상호 교류를 갖는다는 사실, 그리고 그중 후세대들은 이전 세대에 의해 조건 지어진 물적 현존을 갖는다는 사실이 여기서 분명해진다. 그들은 그들 자신의 상호 관계 안에서 결정되는 이러한 방식으로 축적된 생산력과 교류 형태를 상속받는다. 요약하자면, 개인의 발전과 역사의 출현은 이전 시대의 개인들 및 동시대의 개인들의 역사로부터 분리될 수 없다. 개인의 발전과 역사는 이전 시대의 개인들 및 동시대의 개인들의 역사에 의해 결정된다."[18]

두 개의 언명을 여기에 가져와 보자. 첫째, 개인을 규정하는 구체적인 사회적-역사적 조건을 개인 바깥에서 부과되는 속박, 즉 개인의 현실적이며 '원초적인' 충동과 욕구에 외적으로 부과되는 속박이라 볼 수는 없으며, 따라서 개인의 본래적인 자아[19]를 억누르고 억압하는 것으로 여겨질 수도 없다. 이 조건은 인간 개성의 현실적이고 내적인 조건이다. 즉 이는 그 개인에 의해 전유되고 내재화된 조건, 즉 개성의 구성 요소로 전환된 조건이다. "인간은 세계 외부에 웅크리고 있는 추상적 존재가 아니다. 인간은 **인간들의 세계**이며, 국가이고, 사회다."[20] 객관화된, 즉 객관적-물적으로 존재하는 인간의 능력들과 욕구들, 접촉과 행동의 형식들은 전유를 통해 생생한 개성의 특성으로, 개인의 주관적 세계와 삶의 기본 구성 요소로 또다시 재-전환된다. 각 개인의 구체적이고 독특한 개성은 이러한 방식으로 형성된다. 인간이 만든 사회적 세계에 능동적으로 참여함으로써, 그 세계를 특정한 방식으로 전유함으로써 말이다. 특정 역사 시기에, 개인들이 속한 특정 계급에게, 시대와 계급이 규정한 삶의 사회적 조건과 형식은 외적이고 우연적인 장벽으로, 개성의 발현을 훼손시키는 소외된 힘으로 개인들에게 나타난다(이는 모든 소외의 시대가 갖는 일반적 경향이다). 그러나 주어진 사회적 조건들에 의해 실현되거나 성취되지 못한 것들, 혹은 오직 일면적으로만 허용된 것들을 개인의 이러한 욕구들, 목표들, 능력들, 잠재성 등에서 발전시키는 것도 바로 이 소외의 조건이 갖는 경향이다. 개인은 스스로의 생명을 자신의 본래적인 존재로 느끼지 못하고, 그것을 우연적 운명으로 파악하게 되며, 그로 인하여 개인의 내적 불화, 자기 분열은 그가 살아가고 있는 사회적 현실, 그를 조건 짓는 사회적 현실과의 분열 및 자기-모순을 표현한다. "한 인격으로서의 개인과 그에게 우연적인 것 사이의 차이는 개념적 차이가 아니라, 역사적 사실이다. [...] 모순이 여전히 부재하는 한에서 개인들이 상호작용하는 조건들은 그들에게 외재적인 것일 뿐 아무 것도 아니며, 그들의 개별성과 관련된 조건이다. 이 조건 안에서 특수한 환경 안에서 살아가는 이 특수한 개인들은 자신의 물질적 삶을, 그 삶과 관계된 것들을 저 홀로 생산할 수 있을 뿐이다. 이 조건들은 자기-활동의 조건들이며, 이것은 자기-활동에 의해 생산된다. 따라서 개인들이 자신들을 조건 짓는 자연의 실제성에 조응해 생산하는 특수한 조건 속에 모순이 부재한다면, 그들의 일면적인 현존, 일면성은 오직 모순이 시작될 때에만, 그러므로 그 후에 이것이 개인들에게 실존할 때에만 보이게 될 것이다. 이 조건은 우연적 속박으로 나타나며, 의식이 속박이 되는 것은 앞선 시대에 그 원인이 있다."[21]

둘째, 구체적인 각각의 인간 개성을 개인들 간의 단순한 상호작용의 결과로 이해된 다수의 사회학적(혹은 사회학적이면서도 생물학적인) 결정 요인으로 완전히 해명하고 환원할 수 있다는 가정과 마르크스의 개인들에 대한 사회-역사적 규정의 개념이 동일하다고 보는 것은 중대한 오류일 것이다.[22] 인간은 사회적 환경에 의해 만들어진 인상들을 단순히 겪어내는, 그 인상들이 기록되는 수동적인 **빈 서판**tabula rasa이 아니다. 인간의 객관적인 사회 세계의 물적 이념적 '기본 요소들'은 우리가 앞서 밝혀내고자 했던 것처럼, **전유의 과정을 통해**, 즉 인간 스스로의 선택적인 활동을 통해, 인간 개성을 구성하는 요소들로 전환된다. 모든 인간 존재 각각의 단순화할 수 없는 특수한 개성을 직접적으로 형성하는 것은 무엇보다도 **이러한 활동이며, 이 활동의 사회적 결과다**. 각각의 구체적 개인은 자신이 놓인 역사적 상황에 따라 다소 엄격하게 제한된 범위의 역사적으로 가능한 행동 형식, 활동 형식을 발견한다. 따라서 우리는 사회적 그룹들의 행동 경향에 대하여, 그 그룹들의 역사적 잠재성들에 대하여 어느 정도 합리적인 '예측'을 할 수 있다. 그러나 아무리 상세한 사회적 환경에 대한 탐구라 할지라도 모든 개인 행위의 '필연성' 내지 주어진 인격적 특성이 갖는 '필연성'을 추론할 수는 없다.

한 개인의 구체적인 삶의 행보 및 개인적 역사는 사회적 환경에 대한 그의 '반응'과 행위 간의 끊임없는 주고받음에 의해서 결정된다. 코와코프스키가 적절하게 표현한 것처럼,[23] 인간의 개성은 인간과 세계 사이의 끊임없는 대화, 주체적 활동과 객관적인 사회적 현실 사이의 끊임없는 대화 속에서 진전한다. 개인들은 역사적 환경 및 사회에 의해 주어진 재료로부터만이 스스로의 삶을 형성해 나갈 수 있다. 그러나 소외가 지배력을 행사하고 있는 시대에조차, 이 재료로부터 제한된 범위에서나마 스스로의 삶을 만들어 나가는 것은 **개인 자신**이다.

앞서 마르크스의 노동 개념에 대해 논의했을 때, 인간이 진보적으로 **보편적 자연적 존재**가 되어 가는 과정이 역사 발전으로 나타났다면, 이제 동일한 과정이 인간이 **보편적 사회적 존재**가 되어 가는 성격에서도 나타난다. 생산이 발전하면서, 생산은 그것의 추상적 형식에서(모든 노동 행위는 개인들의 상호 교류를 통하여 역사적으로 창조된 수단들과 능력들의 전유를 전제하기 때문에, 항상 사회적이라는 점에서)뿐만 아니라, 그것의 구체적인 내용, 즉 개인들이 서로에 대해 생산하기 시작하며, 그들의 생산물은 서로를 보완해 주고, 그들의 노동은 현실 속에서 전 사회의 총체적이고 필수적인 생산과 재생산의 구성 요소가 된다는 의미에서도 사회적인 성격을 획득한다. 개인들의 협업, 즉 독립된 소규모 지역 공동체들에서 이루어지는 직접적인 협동 노동은 진보의 과정에서 전 세계를 포괄하는 범위의 노동 분업, 노동들 간의 결합으로 대체된다. 따라서 개인은 "결합된 노동하는 인격들"의 구성원이 된다. 비록 이 결합이 개인들 스스로가 통제하는 의식적이고 자발적인 연합의 결과가 아니라, 그들도 모르게 배후에서 확립되어 있는 물화된 사회적 유대라는 현존하는 관계망의 객관적 결과라 할지라도 말이다. 이러한 방식으로 각각의 개인들 모두의 삶은 계속 성장해 가는 다른 개인들과의 순환 활동에 의존하게 된다. 따라서 개인은 더 이상 개인적인 차원에서만 다른 개인들과 접촉하거나 소통하지 않는다. 각각의 인간 존재는 동시에 자신이 속한 특수한 공동체에 축적된 인간적 경험들뿐만 아니라, 최소한 원리적으로라도 인류 전체에 의해 축적된 경험들을 활용할 수 있는 가능성을 획득한다. 이 **세계-역사**는 씨족, 종족, 국가와 민족에서부터 서서히 발전하며, 이 과정에서 인간들은 스스로 세계-역사적이고, 사회적으로 보편적인 개인들이 된다. "오직 생산력의 보편적 발전으로써만 비로소 인간들 간의 보편적 교류Verkehr가 확립되며, [...] **세계-역사적**이고, 경험적으로 보편적인 개인들이 지역적 개인들을 대체한다."[24]

인간 상호 교류의 범위를 진보적으로 확장하는 과정은 인간 역사에서 일반적 경향으로 여겨지는 것으로서, 개인들을 둘러싼 환경 및 사회 집단과 관계된 개인들의 자율성의 성장 과정, 그리고 이 자율성에 토대를 둔 인간 주체성의 발전, 즉 요약하자면 **개인성**의 출현과 일치한다. "우리가 역사를 거슬러 올라갈수록, 개인은 생산하는 개인으로서 더 큰 전체에 귀속된 것으로 나타난다."[25] 원시적이고 고대적인 인간 역사 단계에서 지배적인 형태인 서로 친밀한 관계를 맺고 있는 소규모 공동체는 개인들을 한낱 우연적인 것으로 만드는 사회적 실체로 나타난다.[26] 인간 존재는 사회적 접촉이 늘어나면서, 무엇보다도 교환이 진전되면서, 개인 삶의 **자연적인** 선재 조건으로 기능하는, 즉 고정되어 있으면서도 불변하는 무언가로 기능하는 이 공동체들을 해체하는 역사 과정 속에서 말 그대로 진정한 의미에서의 개인이 된다. 인간의 보편화, 인간의 개인화는 이러한 의미에서 단일한 **통합적 과정**을 구성한다. 뒤에서 살펴보게 되겠지만 그러한 통일이 오직 영속적이고 심원한 자율성(소외의 시대에서 개인화와 비인격화의 통일로서의 보편화)[27]을 통해서만 실현된다고 하더라도 말이다.

---

마르크스가 논의한 인간 본질의 또 다른 특성은 **의식성**이다. "의식적인 생명 활동은 인간을 즉각적으로 동물의 생명 활동과 구별해 준다. 이 활동을 통해서만 인간은 하나의 유적 존재가 된다. 인간은 스스로의 삶을 대상으로 삼는 의식적 존재이다. 왜냐하면 인간은 유적 존재이기 때문이다."[28]

동물은 제한된 생명 활동의 틀 속에서 생물학적으로 결

정된 욕구, 영속적인 욕구의 대상들과 직접적인 관계를 맺는다. 동물이 만들어 내고 관계 맺을 수 있는 환경적 요소들의 범위와 행동은 제한적이기 때문에, 오직 몇몇 대상들과 객관적 특성들만이 동물들에게 지향적인orientative 의미를 가지며, 따라서 그것들만이 동물의 정신 활동 대상으로 여겨진다(우리는 이러한 정신 활동을 의심할 여지없이 상대적으로 고차원적인 종들과 관련해서만 말할 수 있다). 동물들의 생존에 필요한 가치를 갖는 대상들조차, 그 속성상 동물들에게는 생물학적으로 관련된 결과들을 전달하거나 그 결과들을 '신호'하는 의미를 가질 뿐이다. 따라서 동물은 마르크스가 정식화한 것처럼, 주어진 환경에서 자신이 속한 종의 '표준'과 욕구에 따라서 행동할 뿐만 아니라, 이 범위에서만 스스로를 지향할 수 있다. (조야한 표상주의자 식 표현을 사용해 보면) 인간의 '정신mind'과 동물의 '정신'에 존재하는 세계의 '상'은 순수하게 질적인 차원에서는 서로 상세하게 구별되지 않는다. 즉 서로 다른 구조를 가짐에도 그것은 잘 드러나지 않는다. 동물의 생명 활동은 직접적인 특성을 갖기 때문에, 즉 (행동을 유발하는) 동기와 (행동이 직접적으로 향하는) 대상이 대체로 일치하기 때문에, 동물에게 대상은 결코 실제 욕구와 독립적으로 나타날 수 없다. 대상은 오히려 항상 욕구와 결합되어 있다. 지각된 환경에 대한 표현은 항상 동물의 일시적 욕구와 신체적 상태에, 더 일반적으로는 실제로 현전하는 주관적이고 객관적인 상황 전체의 특성들에 의존한다. 즉 동물은 객관적 영속성을 결여하고 있다. 욕구로부터 벗어난, 욕구로부터 독립된 객관 세계는 동물에게는 존재할 수 없으며, 동물 자신도 대상으로부터 독립된 주체로서 존재할 수 없다. 즉 동물은 의식성이 없다. "어떤 관계가 현존한다면, 그 관계는 나에 대해서 현존한다. 동물은 어떤 것과도 '관계'를 맺지 않으며, 전혀 관계를 갖지 못한다. 동물에게 타자들과의 관계는 관계로서 현존하지 않는다."[29]

물적으로 매개된 인간 활동인 노동을 활동 동기와 활동 대상의 직접적인 일치라고 볼 수는 없다. 왜냐하면 노동 활동은 욕구의 즉각적인 충족과 동일하지 않으며, 소비에 적합한 이미 정초된 환경적 사물을 점유하는 것을 의미하지도 않기 때문이다. 노동 활동은 오히려 (때로는 정해진 단계들에 수없이 개입하면서) 환경적 사물을 변형시키려고 한다. 따라서 노동은 필연적으로 욕구와 욕구 대상의 분리를, 달리 말해 의식성과 자기-의식의 출현을 발전시키며 전제한다. 실제로 인간만의 특별한 생산 활동은 실제로 현전하는 사물 자체, 지각되는 사물 자체와 목표(대상이 나아가야 할 이념적 형식)를 서로 대치시키고 대비할 수 있을 때에만, 즉 인간의 지향 및 획득된 객관이 활동을 인도하고 통제할 때에만 가능하다. "노동 과정이 끝나면 우리는 노동자의 상상 속에나 존재하던, 노동을 시작할 때 관념적으로나 존재하던 결과를 실제로 획득한다. 노동자는 노동을 통하여 자연적 재료의 형태를 변화시킬 뿐만 아니라 자신이 수행하는 노동 양식modus operandi

의 법칙, 즉 그가 노동 과정에서 본인의 의지를 복속시켜야만 하는 법칙을 부과하는 그 스스로의 목표를 실현하기도 한다."[30]

이러한 방식으로 개인과 사물들 간의 관계로부터 독립적으로 존재하는 영속적인 사물들의 외재적이고 객관적인 실재성이 인간에게 나타난다. 그리고 그와 반대되는 것으로서의 인간의 욕망, 지향, 욕구에 대한 주체적 자각, 즉 인간의 내면적인 지성적, 정서적 삶이 출현한다. 노동은 지향적, 목적적 특성의 결과이며, 그 자체로 손과 정신의 협력 활동이다. 그리고 노동 생산물은 육체적, 지성적 능력들을 동시에 작용하여 객관화한 것이라 할 수 있다. "자신의 두뇌의 통제에 따라 근육에 명령하지 않는다면, 한 인간은 자연을 운용할 수 없다. 자연적 신체에서처럼, 머리와 손은 서로가 서로를 보조한다. 그래서 노동 과정은 손의 노동을 머리의 노동과 통일시킨다."[31]

인간 의식에 대해 설명하면서, 마르크스는 끊임없이 그것이 가진 **지향성**intentionality을 강조한다. 의식은 언제나 무언가에 **대한** 의식이다. 그것은 대상을 향해 있는 것이다. 한편으로 의식은 현실에 대한 '정신적 재생산', 즉 자신을 둘러싼 세계, 타인들, 그리고 능동적이고 물질적인 주체 자신에 대한 **인식**cognizance이다. "이 개인들이 형성한 표상들은 자연과 개인들의 관계에 대한 표상이자 개인들 간의 상호 관계에 대한 표상, 혹은 개인들 자신의 본성에 대한 표상이다."[32]

한편으로 의식성은 실천을 통해 실현되기를 기다리는 목표들, 관념들과 가치들의 '정신적 생산'으로 나타난다. 의식은 특성상 대상을 향하기 때문에, 즉 의식은 표상(반영)의 형태로 나타나거나 주관적 지향을 객관화하려는 시도로 나타나기 때문에, 마르크스에 따르면 의식은 언어적 표현과 소통에 전적으로 개방되어 있다. 따라서 마르크스에게는 상호주관성에 대한 문제가 특별히 존재하지 않는다. 순수 주관의 내적이며 소통 불가능한 경험 내지 느낌으로서의 의식 개념은 마르크스에게는 전적으로 낯선 것이다.[33] 마르크스에게 이러한 의식 개념은 개인이 자신의 개성을 전적으로 발현하거나 실현할 수 없게끔 하는 사회적 조건들의 필연적 결과이자 왜곡된 반영일 뿐이다.

바로 이렇기 때문에 지향성으로서의 **사태**는 '현상학적 환원'을 통해서 혹은 직접적으로 경험된, 주어진 의식의 재료들에 대한 직관을 통해서 입증되지 않는다. 의식 현상의 '직접성'은 그것이 자기 성찰introspection의 명백한 사실로 나타날지라도, 마르크스의 말대로라면 오직 **현상**일 뿐이다. 즉 고립 속에서 고정된, 현상들의 심원한 결정 요인들과 본질을 감추는 피상적인 특성일 뿐이다. 의식은 그것이 자기 성찰을 통해 입증되는 직접적으로 주어진 것이자 삶에서 나타난 모든 다른 것들과 절대적으로 구별되는 것일지라도, 실제로는 물적-사회적인 인간의 삶과 활동에서 **부분적 계기part-moment**일 뿐이다. 의식은 그 특성상 이러한 삶의 활동에서 실행되는 작용에 의해 결정된다. 의식의 활동적 주체와 역사적으로 결정된 구체적 개인, 그리고 이 개인들이 수행하는 물적 활동을 무시한 채 이루어지는 의식에 대한 모든 검토, 즉 이러한 요소들에 "괄호"를 치는 모든 검토는 그것들에 초역사적인 타당성을 부여하거나 그것들을 현실적 주체로, 사회 내 구체적인 개인들로부터 독립된 것으로 여기게 하고, 의식의 어떤 특성들을 필연적으로 물신화할 수밖에 없다. "관념들은 (현실적인 것이건 혹은 환상적인 것이건 간에) 개인의 실제 관계와 활동, 생산과 교류 및 사회적, 정치적 행동에 대한 의식적 표현이다. 이와 대립하는 가정은 실제로 물질적으로 제약을 받는 개인의 정신 밖에 또 다른 별개의 정신이 존재한다는 것을 전제할 때에만 가능하다. [...] 인간은 개념, 관념 등의 생산자이며, 이 생산자는 바로 현실적이며 실제적인 인간이다. 실제로 활동하는 인간을 제약하는 것은 그가 소유한 생산력과 이 생산력에 상응하는 교류 또 이를 통해 구성되는 가장 광범위한 사회가 어느 정도 발전했는가이다. 의식은 절대로 의식적 현존 이외의 어떤 것일 수 없다. 그리고 인간의 현존은 그의 실제 삶의 과정이다."[34] 달리 말해 의식은 "현존하는 실천의 의식"[35]일 뿐이다. 그리고 의식의 대상 지향성은 인간 실천의 물적-객관적 특성의 결과다.

동시에 마르크스의 의식 개념은 정신 현상의 관념론적 실체hypostasis와 대립될 뿐만 아니라,[36] 낡은 부르주아적 유물론의 개념(스탈린주의적 마르크스주의의 해석이 전적으로 받아들이고 개조한 개념)과도 대립된다. 마르크스 이전 유물론의 인식론은 물적 현실과 개인의 의식 사이의 분열과 원칙적인 대립을 문제시하지 않았고, 이 양자 사이의 관계가 '유사'하다거나, 서로 '상응한다'는 것을 입증하려 했다. 이러한 유물론의 지식 이론은 표상주의적/반영론적 지식 이론과 연관된 난점들을 제쳐두고서, 의식('내적 세계')을 부차적인 것으로, 존재론적으로 비현실적인 '그림자 세계'이자 부수적인 현상으로 변형시킴으로써 '육체적' 인간과 '지성적-도덕적' 인간의 통일만을 보존할 수 있었을 뿐이다. 마르크스의 의식 개념은 이러한 지식 이론에 반대하며, 의식의 **존재론적 현실성**과 의식의 '**차안성**'this-worldness을 강조한다. 의식을 역사 발전의 과정에서 상대적으로 독립적이며 분리된 유형의 사회적 활동으로(지적인 '정신적' 생산 형태로) 서서히 차별화하고, '정신적' 대상화/객관화의 다양한 형식(언어나 글, 고차원적인 문화적 표현 형태)을 통해 외면화되는 인간 삶의 활동의 구성적 측면으로 받아들이면서 말이다. 의식은 단순히 인간 삶에서 불가피하게 수반되는 것만이 아니며, 모든 사회적 활동에서 창조적이고 구성적인 요인이다. 역사적으로 발전해 온, 사회적으로 받아들여진 실재에 대한 적합하거나 적합하지 않은 지각의 형식, 실재에 대한 개념화 및 가치화는 그 자체로 '물적 힘'이다. 이 지각의 형식 내지 개념화를 통해 인간은 세계를 파악하고 해석하며, 이로써 인간 활동에 동기가 부여된다. 즉 그것들은 사회적 존재의 수동적 반영이 아니라,

현존하는 사회관계를 재생산하고 변형하는 과정에서 구성적인 역할을 하는 공동-결정 요인이다. 이러한 사고는 마르크스의 전 **작업**에 걸쳐 계속 이어지며, 이미 그의 박사 학위 논문[37]에서도 드러나 있다. 그리고 이러한 생각은 훗날 마르크스의 '물신주의' 개념에서 중요성과 명증성을 획득했다. 왜냐하면 물신주의 이론은 사회관계가 자본주의적 생산자들의 의식에서 필연적으로 그들의 일상적 삶의 환경에 의해 끊임없이 강제되며 재생산되는, 왜곡된 채 구체화된 형식을 취한다는 생각으로 축소될 수 없기 때문이다. 즉 이 이론은 어떻게 이 '잘못된' 의식이 자본 재생산의 선재 조건에서, 자본의 총체적인 사회적 재생산 과정에서 필수적인 요소일 수 있는지를 밝혀 준다. 그러므로 마르크스는 화폐물신주의의 특수한 역사적 형태인 중상주의적 체계의 특성과 관련하여 다음과 같이 말한다. "화폐의 본성에 대한 환상, 즉 화폐의 한 측면에 대한 고착화된 주장은 추상 속에서, 그리고 화폐 안에 함유된 모순들에 대한 무지 속에서, 개인들이 눈치 채지 못하게 화폐에 정말로 마술적인 의의를 부과한다. 실제로 화폐가 사회적 생산력의 현실적 발전에서 중요한 도구가 되는 것은 이러한 자기-모순, 즉 그것의 환상적 측면 때문이며, 이러한 방식의 추상화 때문이다."[38] 주어진 현실을 주관으로부터 독립된 채 올바르게 묘사함으로써 잘못된 관념을 참된 관념으로 대체하는 특정한 과학 이론의 고찰과 일상적 의식의 물신주의적 관념에 대한 비판(《자본》의 부제에 달려 있는 의미에서의 비판)을 동일시할 수 없는 것도 바로 이 때문이다. 오히려 물신주의적 관념에 대한 비판은 주체의 의식을 변화시키는 것을 지향하며, 이를 통하여 그것이 다루는 사회적 현실의 현존 조건들 역시 변화시키는 **혁명적인** 이론의 창조를 요구하며 주장한다. 이 비판은 그 자체로 현존하는 사물들의 질서를 변화시키기 위한 실천적인 혁명적 투쟁의 일부분이자, 그 질서 내의 창조적 요인이기도 한 이론이어야 한다.

의식이 가장 단순한 형태에서조차 수동적인 수용이나 외부 대상이 인간 유기체에 끼친 충격에 대한 단순한 '기록'으로 받아들여져서는 안 된다는 사실은 앞선 논의들을 통해서 아마도 이미 명확해졌을 것이다. 의식의 대상은 물질적 생명과 소비의 대상으로서 개인들에게 '주어지지' 않는다. 인간 존재는 축적 과정에서 정신적-지성적으로도 대상을 섭취할 준비를 해야 한다.[39] 의식은 인간 생명 활동의 구성 요소로서 그 자체로 특정한 방식으로 현실에 대한 '전유'를 지향하는 **활동** 유형이다. "인간은 전면적인 방식으로, 따라서 전인whole man으로서 스스로의 다양한 본질을 전유한다. 인간이 세계와 맺는 관계, 즉 보는 것, 듣는 것, 냄새 맡는 것, 맛보는 것, 느끼는 것, 생각하는 것, 지각하는 것, 감각하는 것, 바라는 것, 행위하는 것, 사랑하는 것 모두, 요컨대 인간의 개인성이 가진 모든 기관들은 그들의 **객관적** 관계Verhalten 안에 있거나 그들이 대상과 맺는 **관계** 안에, 즉 대상에 대한 전유

안에 있다. 인간적 현실성Wirklichkeit의 전유는 **인간적 현행성
actuality**을 활성화하는 것이다."[40] 심지어 일반적으로는 수동
적 관조로 여겨지는 감성sensuousness조차도 모두 인간이 환경
으로부터 자신의 기관에 도달하는 자극의 연속적인 흐름 중
일부를 '선별'해 내는 과정에서 이루어지는, 즉 인간이 대상
들을 **사회적 실천의 한정된 지각 대상**으로 식별해 내는 선별
과정에서 이루어지는 "실천적인 인간의 감성적 활동"[41]이다.

이 활동은 그 자체로 특별히 인간적인, 다른 모든 활동
의 형태들처럼 그것의 특성과 기원 양자에서 사회적으로 결
정된다. "직접적으로 주어지는 **감성적 자연**은 인간의 직접적
인 인간적 감각 지각이다. 인간이 가진 감각 지각은 오직 **다
른** 인간을 통해 자신에게 주어진 인간적인 감각 지각으로만
존재한다."[42] 개인은 보고, 듣고, 생각하는 방법 등을 **배워야
만** 하며, 이 배움의 과정이 시작되기도 전에 이미 그에게는
이 배움의 결과들이 (의무로, 제어될 수 있는 어떤 것으로) 전제
되어 있다. 인간 **언어**의 형식에서 혹은 현존하는 사회적 의
식의 형식에서, 주어진 언어의 통사 의미적 특성들로 고정
된 주 구조main structural outline가 그러한 것처럼 말이다. 사회적
삶에 참여할 수 있으려면 개인은 이러한 '배움' 내지 전유의
결과로서의 현실성에 대한 상대적으로 영속적인 현상적 표
현, 즉 외면화된 사회적 의식인 언어에서 개인으로부터 독
립적으로 주어진 구조에 상응하는 구조를 발전시키고 습득
해야만 한다.[43] 감각들을 야기하는 구체적 상황을 언어의 의

미론적 구조에 고정된 표현에 상응하는 요소들로, 즉 개인의 경험과 욕구로부터 독립되어 사회적으로 결정된 영속적이며 일반적인 의미를 갖는 요소들로 분해할 때에만, 인간은 자신을 둘러싼 세계를 자신으로부터 독립되어 있는 영속적인 요소들('사물들')을 구성하는 객관적 현실로 의식할 수 있다. 그러므로 만약 우리가 자연적 존재로서의 인간과 인간을 둘러싼 것들 사이의 물리적-생리학적 상호작용에 대한 설명만을 받아들인다면, 우리는 인간의 지각 안에서 이루어지는 세계에 대한 묘사 내지 인간이 지각함과 동시에 이루어지는 세계에 대한 묘사, 즉 자연적이고 사회적인 환경의 다양한 측면들이나 요소들과 관계된 인간의 사실적-경험적 지식의 출현과 실제적 발전을 제대로 이해할 수 없을 것이다. 이것들은 적어도 최종 분석에서만큼은 **역사적-사회적** 생산물이며, 물적 실천, 즉 사회적 생산에 의해 결정된 것이다. "음악만이 인간의 음악적 감각을 일깨운다. 가장 아름다운 음악조차도 음악적이지 않은 귀에게는 의미가 없으며, 귀에게 대상일 수 없다. 왜냐하면 나의 대상은 나의 본질적인 능력들 중 하나를 확증confirmation하는 것일 뿐이기 때문이다. 이러한 이유로 사회적 인간의 **감각들**은 비사회적인 감각들과 구별된다. 오직 인간 본질이 대상적으로 전개된 부를 통해서만, 비로소 인간의 주관적 감성이 풍부해지고, 인간적 본질적 힘들로서 확증되는 감각들이 도야 및 창조된다. 즉 음악적인 귀, 아름다운 형태를 위한 눈, 요컨대 인간적인 만족을 가능하게 해 주는 감각들, 이러한 것들을 인간의 본질적인 능력으로 확신하도록 하는 것처럼 말이다. 오감뿐만 아니라, 소위 정신적이고 도덕적인 감각들(의지, 사랑 등), 말하자면 인간적 **감각**, 감각들의 인간성도 오직 **감각들**의 대상이 존재하기 때문에, 자연을 **인간화**함으로써만 발생할 수 있다. 오감의 도야는 지금까지 세계 역사 전체가 해 온 노동이다."[44]

그러나 마르크스는 의식의 역사성이 훈련에 의해 결정되는 의식 형태의 연속적인 변화라고만 보지 않았다. 이 변화는 그 자체로 앞서의 인용문에서 이미 찾아볼 수 있었던 것처럼, 마르크스가 《수고》에서 '감각들의 인간화'로 특징지은 규정된 방향을 갖는 과정(진보)으로 나타난다. 인간의 물질적-실천적 활동이 더 보편적으로 되고, 실천적으로 더 많은 범위의 대상들과 대상적 관계들을 포괄하게 되면, 점점 더 많은 대상들과 그것들의 속성이 추가적으로 알려지게 된다. 유기체에 대한 사물의 직접적인 영향과 관련해서 의미가 없다고 여겨지는 대상들의 특성, 그러므로 직접적으로 상호작용이 이루어짐에도 주관적으로 파악되지 않는 대상들의 특성은 도구로서의 어떤 다른 대상과 그 대상과의 관계에서 본질적인 의미를 획득할 수 있게 된다. 그리고 이로써 그 대상들은 인식적으로 흥미를 가질 만한, 즉 의식적인 지식의 권리를 갖는 대상으로 전환될 수 있을 것이다. 인간이 실천 과정에서 보편적으로 되어 가면서 발생하는 필연적인 결과로 인해 인간은 **지적 보편성**을 발전시키게 된다. 즉 인간의 역사적 발전은 그 특성상 인간 인식의 현존하는, 구체적인 모든 장벽을 넘어서려는 경향을 갖는다. 그러나 이 보편성을 단순히 **연장적인**extensive 의미에서의 지식의 대상이 되는 물체의 순수한 양적 확장으로 이해해서는 안 된다. 이러한 보편화의 과정에서는 의식 자체(정신 활동의 특징)가 변화하게 되며, 이 변화는 인식하는 주체와 인식되는 대상 양자에 대한 의식의 관계와 연관되어 있다.

'원시적인' 의식은 인류 발생 과정에서 출현했기 때문에 그 자체로 실천적-물질적 활동과 전적으로 구별되지 않았다. 실제로 의식은 원래 (개인들이 매일매일 수행하는 재생산을 보장해 주며, 사회적으로 딱히 특별할 게 없는 물적 활동과 사회적 상호 교류의 모든 형태들의 총계인) 일상과 따로 구별되지 않는 부분적-계기를 구성했다. 이러한 활동으로서의 의식은 기초적이며 동물적인 '사고'와 유사한 방식으로 나타났다. 즉 이 의식은 실제 대상들의 영역, 직접 지각되며 직접 기억되고, 직접 다룰 수 있는 사물들의 영역에서 나타났다. "관념, 개념, 의식의 생산은 일차적으로 인간의 물적 활동 및 물적 교류, 실제적 삶을 표현하는 언어이다. 인간의 구상과 사유, 지성적 교류는 여기서 그들이 수행하는 물적 행동의 직접적인 결과로 나타난다."[45] 한편으로 이러한 의식 활동의 측면들과 요소들, 즉 인식, 자유의지, 정서적 태도 등은 여기에서 서로 분명하게 구별되지 않는 통일체로 나타났다. 다양한 정신 능력들을 구별하여 설명하고 '고찰'하는 것 또한 최종 심급에서는 일상적이면서 물적인 삶의 활동에서 일어나는 변화에 의존하는 역사적 과정이다. 노동 분업이 발달하면서 일상적 삶의 모든 것을 아우르는 통일이 붕괴되고, 이 때문에 특수한 제도들, 즉 생산(경제 일반), 정치, '지적' 활동 **그 자체**가 그 나름의 제도를 가지고서, 무엇보다도 각기의 특정한 대상화/객관화의 체계를 가지고 출현한다. 초기에 일어난 노동의 진화와 그와 불가분하게 연결된 인류 발생 과정 가운데 그 기초 형태가 출현한 개념적 사유, 이러한 사유의 출현을 넘어선 언어와 최초의 사회 형태들, 인간 의식의 발전은 무엇보다도 대상화/객관화의 독립된 체계의 출현이자 그 체계의 역사적 전개를 의미한다. 이 대상화/객관화의 체계는 이제 지적, '정신적' 생산이라는 특수한 영역으로서 일상적 사고와 구별되며, 그러한 사고로부터 분리된다. '더 높은' 지적 성취 형태가 역사 과정에서 그 성취의 대상과 관계에서 현실에 대한 예술적, 종교적, 과학-이론적 전유 방식을 서로 구별하고, 이것이 세계에 대한 일상적인 '실천적-정신적' 전유로부터 진화한 것은 이러한 방식으로 이루어졌다.[46] 그 형태들이 발전하기 때문에, 그 형태들과 연관된 개인들의 새로운 사회적 요구들이 형성되었고, 이로써 개인들은 스스로 새로운 정신적 능력과 욕구를 배양하게 되었다. 그래서 예컨대 고대에 이론과학이 출현한 것은 예술적-시적 환기 및 수사학적 설득 능력과 무언가를 논리적으로 **증명**하는 능력이 분리되었다는 것을 의미하며, 이 능력은 '논리적 증명', '증

75

거', '정확성' 등 실제 과학에 적용되는 것들의 의미와 기준이 변화함에 따라 과학적인 진화로 역사적으로 전개된다. 또한 이론적 사고의 출현은 이해관계와 무관한 과학적 호기심이 상대적으로 독립적이면서도 사회적으로 받아들여지는 활동의 동기로 나타난다는 것을 의미한다(예컨대 플라톤과 아리스토텔레스의 경이thaumadzein처럼 말이다). 예술, 종교, 법률 등의 영역에서도 이와 비슷한 과정이 나타난다. 지적 생산의 다양한 형식들이 서로 첨예하게 근본적으로 분리된 것, 그리고 그것들이 일상적인 물적 삶으로부터도 첨예하게 근본적으로 분리된 것을 마르크스가 소외의 산물 중 하나로, '이데올로기'가 발전하는 데 결정적인 요인으로 보았을지라도, 그는 다양한 활동 형식들의 **구별**을 (그에 상응하는 인간 정신 능력들의 전개와 함께) 적어도 자신의 **후기** 저술들에서는 역사 진보의 본질적인 표식이자 구성 요소 중 하나라 생각했다. 그리고 마르크스는 미래의 유토피아 사회에서조차 이 과정이 지속될 것이라고 생각했다.[47]

그러나 하나의 과정으로서의 인간 의식을 보편화하는 것은 형식에서 의식의 변화, 주체와 의식 간의 관계 변화를 나타내 줄 뿐만 아니라, 의식의 내용에 대한 전환, 즉 의식과 대상 간의 관계가 전환됨을 나타내기도 한다. 자연에 의존적인 원시 시대 인간에게 대상들은 그 자체로 유용성을 입증할 때에만, 즉 그것들의 유용한 특성들이 지적으로 파악될 때에만 현존한다.[48] 이 시기의 의식은 추상적이고 일면적이다. 왜냐하면 이 시기의 의식은 당대의 사회 발전 단계상에서 실용적으로 활용하기에 적절하지 않은 대상들의 특수성 및 모든 속성들, 관계들을 무시하기 때문이다. 그러나 대상들은 인간이 생산 및 상호 교류하며 점점 더 다방면에서 **관계** 맺기 때문에, 점점 더 다차원적인 방식으로 **파악**된다. 이는 그 시대에 상응하는 추상이 양적으로 얼마나 풍부한지를 보여줄 뿐만 아니라, 인식적 태도에서의 변화를 나타내기도 한다. 역사적으로 발전된 사회적 개인은 마르크스가 《수고》에서 '감성Sinnlichkeit'이라 부른 경험적, 일상적 의식에서도 단순한 유용성의 관점을 초월하며, 대상을 그것의 (고갈되지 않는) 개별성과 특수성의 차원에서 파악하려 한다. 그 개인은 본인이 파악한 현실에 대한 이 풍부하고도 다차원적인 양식에서 (타자들 사이에서) 스스로의 개별성을 확증한다. 따라서 '인간화된 감각'의 대상은 구체적인 대상, 즉자적이면서도 대자적으로 존재하는 대상이며, 그 대상의 특수성은 단순히 주어진 것이 아니라 획득하기 위해 노력해야만 하는 것이다. "조야한 실천적 욕구에 종속된 감각은 편협한 의미만을 갖는다. 인간이 음식에 굶주리는 것은 음식이 인간적 형태로 존재하지 않기 때문이 아니라, 음식이 단지 그것의 추상적 성격에서만 음식으로 존재하기 때문이다. 감각은 조야한 형태로 사용할 수 있지만, 그럴 경우에 인간이 굶주리는 것과 **동물들이** 굶주리는 것이 구별된다고 말할 수 없을 것이다. 궁핍에 찌들어 있는 인간은 아름다운 최상의 공연에 신경을 쓸 겨를이 없다. 광물 상인은 광물의 시장 가치만을 볼 뿐, 광물의 아름다움이나 광물이 가진 특별한 본성을 보지 못한다. 그는 어떠한 광물학적 감각도 가지고 있지 않다. 인간 본질의 대상화/객관화는 이론적으로도 실천적으로도 인간의 **감각들**을 인간화하는 데 필수적이며, 인간성과 자연의 전체 부에 상응하는 인간 감각을 창조하는 데에도 필수적이다."[49] 인간 본질의 대상화/객관화를 통하여, 그리고 인간의 사회적 실천이 보편화됨으로써, "감각들은 그것들의 **실천**에서 직접적으로 **이론가**가 되어 왔다. 감각들은 사물 때문에 사물과 관계하지만, 사물 자체는 자기 자신과 인간에 대한 대상적, 인간적 태도이며 그 역도 마찬가지다."[50] 따라서 이러한 감각-의식 및 의식 일반의 '이론화'는 고정된 유용성의 관점에서부터 대상 그 자체의 관점으로, 대상 그 자체를 위한 관점으로 인식 활동의 최종 목적이 변화된다는 것을 의미한다. 그래서 의식의 '보편화'는 인식 태도의 전환을 의미하며, 그 전환에 상응하여 추상적이고 주관적인 태도로부터 **구체적이고 객관적인** 태도로 의식이 발전한다는 것을 의미한다. 마르크스가 사물의 객관적 본성을 인식할 수 없는 물자체Ding-an-sich로, 이해 가능한 속성들이나 관계들 배후에 영원히 감추어져 있는 실체 혹은 기체substratum를 의미하는 것으로 보지 않았다는 점을 이 지점에서 명확히 덧붙여 두어야만 하겠다. 사물의 '특별한 본성'이란 실제적이거나 잠재적인 물적 상호 교류 과정에서 나타나는 그 사물이 갖는 특성들, 그리고 그 사물이 맺고 있는 관계들 모두의 총체이자 통일성일 따름이다. "구체적인 것은 구체적인데, 왜냐하면 그것이 수많은 규정들의 합계Zusammenfassung, 즉 다양한 것들의 통일이기 때문이다."[51]

따라서 인간 의식의 보편화는 지식이 광범위하게 성장하는 역사적 경향을 의미할 뿐만 아니라, 특별한 욕구나 인간의 수용적인 기관의 특수성으로부터, 즉 대상화/객관화를 향한 경향으로부터 독립적으로 현존하는 실재성을 이해하기 위한 (루카치의 용어를 따라 보자면) **비인간화**Disanthropomor-phization의 경향이기도 하다.[52]

그러나 마르크스의 인식론에 대한 수많은 해석들은 여기에서 제시된 것과는 반대 관점을 보여 왔다. 이 해석들은 1844년 《수고》의 저자가 인간으로부터 독립적으로 현존하는 현실은 지식의 대상일 수 없다고 보았으며, 실제로 '자연 자체'라는 관념이 그에게는 전적으로 의미가 없는 것이라고 주장한다. 예컨대 장 이브 칼베즈는 마르크스에 대한 장황한 비판적 연구에서 다음과 같이 말한다. "마르크스는 인간과 자연 사이의 주요한 변증법적 **결합**nexus이 현실의 토대를 구성한다고 주장하며, 인간 실존에서 독립적인 자연의 모든 변증법의 가능성을 배제하려 한다. 인간 없는 자연은 의미도 없고 운동도 없다. 그것은 오직 혼돈chaos, 즉 미분화되고 아무래도 좋은 물질일 뿐, 결국에는 아무것도 아니다."[53] 그에 따르면, 마르크스의 자연 개념은 인간에 대하여 존재한다. 마르크스의 자연 개념은 인간적 충동과 인간적 활동에 대한 미분화된 인간 외부의 것들의 저항과 대립만을 인간 인식의 대상으로 삼을 수 있다. 그러므로 자연은 **인간에게 주어진 욕구들**에 맞게 이 혼돈을 해부하는 인간이다. 이 인간은 사회적으로 제공된, 역사적으로 변화하는 언어, 추상이라는 도구의 도움을 받아 이 해부를 수행한다. 자연을 종과 속으로 분할된 개별 사물들의 세계라고 인공적으로 묘사함으로써 말이다.[54]

실제로 마르크스는 《수고》에서 다음과 같이 말한다. "추상적으로 받아들여진 **자연** 자체, 인간으로부터 고정적으로 고립된 것으로 받아들여진 **자연**은 인간에게 **아무 것도** 아니다."[55] 그리고 정말로 인간에 **대한** 자연, 즉 인간 의식의 대상인 자연은 인간이 자신의 환경과 실천적으로 관계를 맺는 한에서만 존재한다. 그러나 인간의 **실천**이 "자연 전체를 재생산"하는 탓에, 다시 말해 "인간이 모든 종들의 규준에 따라 생산하는 법을 알고 있기 때문에, 즉 언제나 대상에 고유한 규준을 어떻게 적용해야 할지를 알고 있기 때문에"[56], 인간은 세계를 고정된 욕구들의 주관적 프리즘을 통해서뿐만 아니라 객관적으로, 즉 해당 대상의 '고유한 표준'에 따라서도 이해할 수 있다. 왜냐하면 그의 **욕구**는 이제 확장되어서 보편적인 경향을 가지기 때문이다. 마르크스에게서 지식의 실천적-사회적 규정에 대한 생각은 인식론적 실재론의 관점과 대립하지 않는다. 지식의 **실용적인** 효과를 지식의 인식론적 기능과 대립시키는 것, 즉 '유용성'에 대한 지식을 객관적 진리인 지식과 대립시키는 것은 아마도 니체로부터 이어진 가정인데, 거의 모든 현대 부르주아 철학을 특징짓는 가정(그리고 코페르니쿠스에 대한 안드레아스 오시안더의 유명한 해석에서처럼, 자연과학의 출현에 반대하여 초기 가톨릭 식 변론으로 되돌아가려는 시도들)이다. 이 가정은 마르크스의 사상과 전적으로 동떨어져 있다. 인간 지식은 본성적으로 그것을 확장할 때에도, 그것이 무엇을 지향할 것인지의 문제에서도 주어진 역사적 순간에 의해 제한된다. 항상 비인간화는 **계속 진행 중인 과정**으로 남아 있을 뿐이며, 객관성을 향해 가는 탐구는 인간의 사회적 노력이자 도전이고, 일반적으로 말하자면 역사 과정에 의존하는 인간의 운명이다. 그러나 마르크스가 강조한 것처럼, 그것의 현실적, 역사적인 발전 경향에서 인간의 '감각-인상Empfindungen'은 "단순히 좁은 의미에서의 인류학적 규정이 아니라, (자연) 존재에 대한 정말로 **존재론적인 확증이다.**"[57]

# 3
## 인간 본질과 역사

지금까지 우리는 마르크스의 '인간 본질' 혹은 '인간 본성' 개념이 갖는 주요 속성들을 탐구했고, 간명하게 그것을 분석해 보았다. 우리가 보았던 것처럼, 이 개념화에 따르면 '인간 본질'은 노동, 사회성, 의식성에서 발견되며,[1] 더 나아가 이 세 계기를 포괄하면서도 그것들 각각에서 그 자체로 표현되는 **보편성**에서 발견된다. 이제 우리는 이 '인간 본질' 개념이 무엇을 의미하는지, 즉 마르크스의 철학에서 이 관념이 어떤 위상을 갖는지에 대한 질문을 본격적으로 다루어야만 한다. 이 질문에 답하면서, 우리는 마르크스의 역사 개념이 갖는 몇몇 특징들을 설명할 수 있게 될 것이며, 이와 동시에 '인간 본질'의 더욱 중요한 몇몇 특징들, 무엇보다도 **자유로운 자연적 존재**로서의 인간에 대한 정의를 이해할 수 있게 될 것이다.

마르크스가 '인간 본질'을 인류의 역사적 발전에 의해 건드려지지 않은 채 남아 있는 근본적 특징들과 인간과 불가분의 관계를 맺고 있으며 모든 사회적 삶의 형태에서 모든 인간 개개인의 특성이라 할 수 있는 근본적 특징들의 앙상블로 설명했다는 가정 아래, 우리는 위 질문에 대한 가장 자연스러운 대답을 찾아볼 수 있다. 예컨대 이 문제를 다룬 폴란드 철학자 프리츠한드M. Fritzhand의 흥미로운 연구는 이러한 입장을 잘 대변한다. "말하자면 '인간 본질'은 인간만이 갖는 독특한 특성뿐만 아니라, 인간 특성들의 목록에서 불변하는 기초 구성 성분들로 남아 있는 요소들만을 포괄할 수 있다. 즉 어떠한 사회적 현존 형태에서도 인간으로부터 분리되지 않은 채로 남아 있는 요소들만을 포괄할 수 있다."[2] 그리고 그는 이러한 해석으로부터 다음과 같은 결론을 이끌어냈다. "프롤레타리아의 '본성'은 '인간 본질'과 적잖이 일치한다. 왜냐하면 마르크스에 따르면 자본주의의 조건에서는 프롤레타리아들이 자본주의 탓에 삶과 활동 영역에서 인간 본질을 온전하고도 자유롭게 발현할 수 없는 인간 본질, 즉 **단순한 인간성**simple humanité만을 갖기 때문이다."[3]

사실 이러한 해석은 마르크스 텍스트에 부합하지 않는다. 우선 마르크스는 '인간 본질' 문제를 가장 상세하게 논의한 《수고》에서 분명하게 다음과 같이 말한다. 소외의 결과로 (프롤레타리아가 자신의 삶에서 실현할 수 없다는 의미에서) 프롤레타리아로부터 벗어난, 프롤레타리아 바깥의 '인간 본질'만이 남게 된다. 인간 본질은 전 사회의 혁명적 전환을 통해서만 다시 획득될 수 있다. 물론 이것이 프롤레타리아가 그러한 **단순한 인간성**, 즉 모든 인간 각각이 가진, 모든 인간 각각을 특징짓는 인간적 특징들의 앙상블을 결여하고 있다는 것을 의미하지는 않는다. "따라서 소외된 노동은 **인간의 유적 본질**Gattungswesen, 인간의 정신적인 유적 능력이라 할 수 있는 본성을 그에게서 소외되어 있는 본질로, 그의 **개인적인 현존** 수단들로 전환한다. 그것은 인간으로부터 정신적 본질, 그의 **인간적 본질**을 소외시킴은 물론이고, 스스로의 신체와 외적 자연도 소외시킨다."[4] 그리고 〈포이어바흐에 대한 테제〉에서 마르크스가 적어 놓은 더 폭넓고도 더 일반적인 정식 또한 프리츠한드 식의 해석과 모순된다. "포이어바흐는 종교적 본질을 **인간** 본질로 이해했다. 그러나 인간 본질은 각각의 단일한 개인에게 내재한 추상물이 아니다. 인간 본질은 현실적으로 사회적 관계의 앙상블이다. 이 현실적 본질에 대한 비판에 착수하지 않은 포이어바흐는 따라서 1. 역사 과정을 제외한 채로 종교적 심성을 그 자체로서의 무언가로 고정시키고 추상적, 즉 고립된 개인을 가정할 수밖에 없었다. 2. 따라서 그는 인간 본질을 '유'로서만, 수많은 개인들을 자연적인 방식으로 묶어 내는 내적이고, 침묵하는 일반성으로만 파악할 수밖에 없었다."[5]

내 생각에 이러한 비판은 고립된 자연적 존재로서의 개인 개념만을 겨냥하지 않는다. 이 비판은 동시에 역사 과정으로부터 독립적으로 현존하며 모든 인간과 모든 시대를 특징짓는 추상적 특성들, 각각의 개인들에 내재한 것으로 가정된 추상적 특성들의 총계로서의 '인간 본질' 개념을 비판한다. 마르크스는 **역사의 과정**을 인간의 본질이 인간의 **본성**이 되어 가는 과정,[6] 결국 인간이 '본성적'이 되어 가는 과정이라고 상정한다.[7] 이 과정은 오직 공산주의에서만 충분히 실현된다. "공산주의는 사적 소유, 인간의 자기 소외에 대한 적극적 지양이며 따라서 인간에 의한, 인간에 대한 **인간 본질의 실제적 전유이다.**"[8]

마르크스의 인간 본질 관념에 대한 (앞서 분석한) 독특한 **내용**을 검토해 보면, 우리는 이와 동일한 결론에 도달할 수 있다. 인간의 보편성과 연관된 무엇이든, 그것은 개별 인간들이나 단일한 사회구성체들의 영속적인 특성이나 조건으로 이해될 수 없다. 만약 우리가 인간 본질을 그렇게 파악하더라도, 그것은 모든 시대에 속하는 것일 수 없다. 그러나 우리가 보았던 것처럼, 마르크스는 보편성이 역사 **발전**을 지배하는 한 특성을 형성한다고 본다.

이는 인간 본질의 다른 구성 요소들, 즉 **노동, 사회성, 의식성**과는 어딘가 다르다. 이 구성 요소들은 실제로 모든 인간 개인의 필연적이고 영속적인 특징으로 파악될 수 있다. 그러나 이 구성 요소들을 역사 발전과 연관해서 파악한다면, 그것들의 의미는 변화할 것이다. 그리고 이 구성 요소들은 마르크스가 그것들의 실체로 받아들였던 철학적 특징들을 상실하게 될 것이다. 그래서 마르크스에게서 노동은 단

85

순히 인간 삶의 필수적인 전제조건을 구성하는 인간과 자연 사이의 물질대사 과정을 의미하지 않게 된다. 즉 그것은 '인류학적인' 의미에서, 또한 인간이 스스로 능력들을 형성하고 발전시키며 전유하는 자유로운 자기-활동이다. 그러나 소외의 조건에서 이루어지는 개인의 노동, 즉 임금 노동은 강제된, 외부에서 부과된 **활동**이다. 이 활동은 노동 주체, 즉 활동하는 개인의 일면성만을 증대시키며 이로써 그 주체를, 다시 말해 활동 중인 개인을 손상deformation시킨다. 따라서 그것은 "활동의 외관을 가질 뿐이다."[9] 마르크스가 《자본》에서 지적한 것처럼, 자본주의적 공장에서 노동자는 "잉여가치 생산을 위한 기계"일 뿐이다. 따라서 노동자의 활동은 '인류학적'-철학적 용어의 의미에서 '노동'이 아니며, 단순히 마르크스가 《수고》에서 사용했던 의미대로라면 '추상적 노동'일 뿐이다.[10] (물론 《수고》에서 사용되는 이 용어의 사용 방식은 후기에 사용된 방식, 즉 이 용어를 경제학적으로 사용한 방식과 동일하지 않다.) '노동'에 대한 철학적 관념과 자본주의 사회의 구체적 특성과 조건을 경험적으로 일반화하는 일상적인 노동 개념 (즉 임금을 벌어들이기 위한 개인의 활동) 사이의 차이는 마르크스가 《독일 이데올로기》에서 반복적으로 일상적 의미에서의 '노동의 지양Aufhebung der Arbeit'을 공산주의 사회의 가장 근본적인 전제조건 중 하나로 고려한다는 사실에서 분명하게 나타난다.[11]

이는 인간의 사회성과 유사하다. 본성적으로 개인은 항

상 '사회적 존재'다. 즉 사회 안에서만, 사회를 통해서만 살아갈 수 있는 존재다. 개인의 존재와 본성은 존속하는 사회 관계들에 의해 규정된다. 그러나 자본주의에서는 개인이 사회 전체에 의존하는 것이 집단적collective 실존을 의미하지 않으며, 타인과의 관계가 이러한 집단적 삶에 토대를 구성해주는 인격적인 인간 관계인 것도 아니다. 또한 개인의 존재에 대한 사회적 규정은 인류의 발전 과정 전체를 통틀어 역사적으로 창조된 욕구들과 능력들의 다층적인 전유를 의미하지도 않는다. 상품 생산의 원자화, 비인격화 과정의 결과로서, "이 소외된 인간 **사회**는 그의 **현실 공동체**Gemeinwesen, 그의 참된 유적 삶에 대한 서투른 모방caricature"[12]이 된다. 결국 의식의 경우에도 이와 유사한 상황이 벌어진다. 의식은 모든 인간 개인, **호모 사피엔스**라는 종의 모든 구성원 일반이 본성적으로 가지고 있는 속성이다. 그러나 노동 분업이 출현한 이래로 정신노동과 육체노동 사이의 분리 및 대립이 발생했다. 그 결과로 인해 개인의 경험적이고 일상적인 의식은 사회적 의식과 자기-의식의 유적인 발전으로부터, 지적 생산의 사회적 영역으로부터, 즉 과학과 예술에서 만들어지는 진보로부터 점점 더 분리되었다. 오히려 이 경험적, 일상적 의식은 물신화되었다. 즉 의식은 현실을 왜곡하는, 그렇게 해서 사물들의 현존하는 질서를 영속시키는 사회적으로 조건 지어진 현상들의 포로가 되었다. 한편으로 이에 상응하여, 의식은 지적 생산과 그것에 적합한 사회적 의식의 단계에서는 '이데올로기'가 **실천**과 현실로부터 사고를 분리시키고 소외시키는 왜곡된-소외된 표현들을 발전시켜 왔다. 이 문제는 '**허위의식**'이라는 마르크스주의적 문제로 나타나게 되었다는 점에서 중요하다.

위의 논의를 요약하면, 우리는 다음과 같이 말할 수 있을 것이다. 모든 인간 개인이 경험적, 영속적으로 공유하는 특성들로 여겨지는 노동, 사회성, 의식 개념은, 마르크스가 '인간 본질'을 구성하는 요소들을 특징지으면서 사용한 각각의 개념들과 동일하지 않다. 왜냐하면 소외라는 조건 아래 개인들에게 적용된 이 세 가지의 결정 요인은 오직 **부분적으로만**, **추상적으로만** 정당하며, 총체적인 '인류학적'-철학적 의미에서는 그렇지 않기 때문이다. 마르크스가 소외된 사회의 인간을 '**추상적 개인**'이라 불렀던 것도 이와 관련되어 있다.

그러므로 위의 논의를 기초로 해서 '인간 본질'을 모든 인간 존재 개인들에게서 발견되는 근본적이고도 불변하는 특징들의 앙상블로 해석하는 것은 받아들이기 힘들다. 이것이 마르크스가 인간 발전에서 본질적으로 영속적이며, 역사적으로 불변하는 특징들의 현존을 거부했을 수도 있다는 것을 의미하지는 않는다(우리는 여기서 예컨대 《독일 이데올로기》에서 이루어진 관찰을 참조할 수 있다. 마르크스는 이 저작에서 모든 역사 시대를 가로지르며, 단지 그 외적 형태만이 변화하는 욕구들과 '욕망들'에 대해 말했다). 그러나 그는 분명히 이 특징과 성격 들을 인간과 인간 역사를 이해하는 데 결정적인 것으로 고려하지 않았다. 즉 마르크스는 그 특징 및 성격들을 인간 '본질'과 동일시하지 않았다.

동시에 마르크스가 이 영속적인 특징들이 현존한다는 것을 받아들였다는 사실, 즉 무엇보다도 그가 '인간 본질'의 일반적인 성격에 관심을 기울였다는 사실은 마르크스의 개념화가 급진적인 역사적 상대주의와 같은 성격을 가질 수 없다는 것을 보여 준다. 여기서 중요한 것은 단순히 구체적 인간, 현실적 인간의 '본성'이라는 것이 역사적 전환이나 변화를 거치는 과정에서도 불변한 채로 남아 있는 특정한 추상적 특징들이라는 점이 아니다. 오히려 이 절대로 멈추지 않는 '인간 본성'의 구성 과정이 그 자체로 그것의 통일 속에서 파악될 수 있고, 특징지을 수 있는 **통일된** 과정이라는 점이 중요하다.

이 언급은 어떤 차원에서 우리에게 마르크스의 '인간 본질' 개념을 이해할 수 있는 열쇠를 마련해 준다. 마르크스는 **역사를 발전하는 경향을 가진 연속적인 통일의 과정으로 파악할 수 있게끔 해 주는** 인류의 현실적인 역사적 실존의 특성들을 주로 '인간 본질'로 보았다. 인간의 **보편성**과 (우리가 보게 될 것처럼) **자유**는 인간성이 역사적으로 진보하는 일반적 방향을 나타낸다. 한편 인간을 물적인 **생산적 자기-활동**과 연관된 **의식적인 사회적** 존재로 특징짓는 것은 앞서 말한 역사적 경향이 전개되는 토대 위에서 이루어지는, 그리고 그 역사적 경향이 발현되는 영역들에서 이루어지는 이 총체적 발전 과정

의 필연적인 특성들, 필연적인 차원들과 관련이 있다.[13]

인간 본질 문제를 해명하려는 사람은 누구나 인간 유의 **통일성**을 확립할 수 있는 특성들을 보여주어야만 한다. 한편으로 그는 생생한 세계의 모든 다른 종들과 구별되는 인간 유의 **독특성**을 증명해야 한다. 마르크스적 사고의 독특한 특징 중 하나는 바로 실제 역사 과정에서 떨어져서 **모든** 인간을 특징짓는, 즉 **오직** 인간만을 특징짓는 영속적인 특성들로부터 출발하려는 시도들에는 관심을 두지 않는다는 점이다. 마르크스에 따르면, 인간은 인간 실존의 현실적 특수성을 구성하는 (엄밀한 의미에서의) **역사**를 가질 뿐이다. 따라서 이 역사성으로부터 인간을 떼어 내는 것은 인간의 가장 본질적인 특성을 무시해 버리는 것일 수 있다. 본성적으로 "현존하는 양과 개의 현재 모습조차 당연히 그것들의 의사와 무관한 역사 과정의 산물이다."[14] 동물들의 경우 '역사성'은 결국 해당 종에게 우연적이고 외재적인, 그 종들로부터 **독립된** 환경적 요인들에 의해 초래된 변화들의 선별적 축적일 뿐이다(그래서 동물들은 "그 자체로는 그들 자신임에도 불구하고" 역사를 갖는다). 한편 인간에게 역사는 단순히 '벌어지는' 것이 아니다. 인류는 스스로 역사를 자신의 역사로 만든다. 인간은 본질적으로 스스로의 행동과 활동을 통해 자신의 본성을 형성하고 전환시킨다. 마르크스는 인간에게 외재적으로 혹은 우연적으로 부과된 일련의 비연속적이고 독립적인 사회적 변화의 단순한 결과로 역사 과정을 파악할 수는 없다고 보았다. 오히려 역사는 인간의 '자기-창조' 과정이며, 인간이 자유와 보편성의 확대를 향해 가면서 **본인의 활동과 본인의 노동을 통해 자기 자신을 형성하고 전환하는 연속적 과정이다.**[15] 그리고 인간의 원리적인 특징, 즉 인간의 '참된 본질'은 **바로 스스로의 주체성을 창조하며 형성하는 이러한 자기-활동**의 현전에 있다. 개인은 이 과정과 활동적으로 관계를 맺고 참여하기 때문에 **인간 개인**이 되며, 그렇기 때문에 인간 개인이다. 그리고 이것이 가능한 것은 인간 개인이 자신이 처한 시대적 한계 내에서, 그 스스로의 사회적 가능성의 범위 안에서 앞선 인간 진보의 객관화된 결과 및 성과들을 전유했기 때문이다. 따라서 인간 유 자체의 현실적 통일성을 이 역사 과정을 제외하고서는 참되게 파악할 수 없으며, 이 역사 과정 안에서만, 이 역사 과정을 통해서만 파악할 수 있다. 이 통일성은 실제로 **인간 역사 과정의 내적 통일성이자 연속성**일 뿐이다. 그래서 만약 우리가 '철학적 인류학'을 인간의 초역사적인(어떤 면에서는 단순히 비역사적인) 특성들에 대한 것이라고 본다면, 마르크스는 인류학을 가질 수 없을 것이다. 마르크스는 인간 **본질**을 이해하는 데 이와 같은 인류학이 유용하다고 보지 않을 것이다. 한편으로 우리가 인류학을 인간 본질에 관한 물음들에 대한 대답으로, 즉 '인간이란 본질적으로 무엇인가'라는 물음에 대한 완결되지 않은 해결로 이해한다면, 마르크스는 '인류학'을 가질 것이다. 이 인류학은 역사로부터의 분리가 아니라, **역사 자체에 대한 추상**일

뿌이다. 즉 마르크스의 개념화는 첨예하게 인류학과 사회학 양자를 분리시키고 대립시키는 모든 사고 경향, 즉 인간 '본질'에 대한 연구를 인간에 대한 사회-역사적 연구에 대립시키는 모든 사고 경향과는 완전히 대비된다. 마르크스에게서 '인간 본질'은 바로 '본질'에 혹은 인간성의 총체적인 사회 발전의 내적 통일성에 놓여 있다.[16]

앞의 논의를 통해 알 수 있는 것처럼, 마르크스에게서 '인간 본질'의 담지자 혹은 '인간 본질'의 주체는 단일한 개인이 아니라 역사적 변화 및 발전의 연속성 속에서 파악된 **인간 사회**다. 이러한 사실은 마르크스가 사회를 초-개인적이고, 독립적인 단일체로 실체화하며, 전체주의를 (직접적으로 혹은 간접적으로) 정당화한다고 비난하는 모든 사람들, 예컨대 포퍼와 같은 사람들이 활용하는 것이다. 그러나 이러한 비난만큼이나 부당한 것도 없을 것이다. 마르크스의 개념화에서 사회는 현실적이고 구체적인 역사적 개인들의 실제적 관계의 총체일 뿐이기 때문이다. 따라서 사회는 개인들에게 외재적으로 혹은 개인들보다 앞서서 존재할 수 없다. 사회는 부차적인 요소들인 개인들로 구성된 일종의 '초-단일체'로 존재하지도, 개인들로부터 독립된, 개인들을 초월해 있는 가치(혹은 목표)로 존재하지도 않는다. 마르크스는 이처럼 사회를 그것을 구성하는 개인들의 삶의 활동으로부터 분리시키는 것, 그리고 개인들의 삶의 활동으로부터 사회를 대립시키는 것은 소외를 낳는 역사 시대의 현실이 야기한 전형적인 이데올로기적 환상이라고 본다. 즉 그것은 소외된 사회의 사실들에 대한 왜곡된 반영이다.[17] 마르크스가 강조한 것처럼, 개인들은 항상 그들 자신과 함께 출발한다.[18]

그러나 마르크스가 지적하듯이, 사회는 단순히 사회를 구성하는 개인들의 기계적인 접합체가 아니다. "사회는 개인들로 구성되지 **않으며**, 이 개인들이 서 있는 상호 관계들, 관계들의 총계를 표현한다."[19] 그래서 마르크스의 개념화는 사회에 대한 유명론적-환원주의적 관점만큼이나 사회에 대한 '본질주의적' 실체화에도 반대한다.

우리는 여기서 개인과 사회 사이의 관계에 대한 일반적인 문제에는 관심을 두지 않는다. 마르크스는 '인간 본질'에 대한 문제를 해결하려고 시도하면서, 인간의 역사를 역사로, 즉 인간의 역사를 인간 존재의 가장 중요하고도 독특한 특징을 구성하는 인간의 자기-전환 과정으로 특징지을 수 있는 것들을 주로 탐색했다. 그러나 역사는 **사회**에 대한 관점으로부터만 **통일된 과정**으로 파악할 수 있다. 이러한 관점으로부터, 역사는 **기술적**technical 발전으로뿐만 아니라, **인류학적 진보**로 나타난다. 즉 사회 전체에 의해 진화하는 상호 관계와 지식의 능력, 욕구, 형태 들의 범위가 지속적이고도 진보적으로 확대되고 발달하는 것으로 나타난다. **사회 전체** 관점에서 볼 때, 역사는 인간이 보편적이고 자유로운 존재로 점진적이고도 연속적으로 전환되는 것으로 전개된다. 그러나 지금까지의 역사에서는 이 과정이 점점 더 보편적으로 되고 점점 더 자유로워지는 **개인들**이 출현하는 것을 의미하지는 않았다. 개인들의 관점에는 우리가 역사를 '**발전**'으로 파악하는 데 도움을 주는 통일되고도 분명한 기준이 없다. 물론 소외의 시대에서조차 개인적-인격적 발전과 사회적 발전 사이에 총체적이고도 절대적인 분할이란 있을 수 없다. 만약 우리가 역사라는 용어를 넓은 의미에서, 즉 특수하지 않은 의미에서 단순히 모든 불가역적인 과정들을 나타내는 의미로 이해한다면, 역사는 연속적으로 이어지는 개인들의 관점에서 보더라도 '발전'이다. 좀 더 후에 찾아오는 역사 시기의 개인들은 분명 이전 세대의 것이라고는 특징지을 수 없을 정도의 더 많은 속성들을 소유한다. 게다가 비교적 폭넓은 개인들의 집단에 상대적으로 다방면에서 조화를 이루는 발전을 위한 조건들이 생성되는 짧거나 긴 역사 시기들은 (마르크스적 의미에서) '역사 이전'의 시기에서조차도 (특히 특정 사회의 진보적인 발전 국면에서) 출현할 수 있다.[20] 특히 우리가 연속적으로 이어져 온 시대 및 세대 들을 **대표하는** 자들이 아니라 **평균적인** 개인들을 고려한다면, 위의 정식화는 여전히 유효하다. 우리는 개인들의 관점으로부터 **단일한, 규정된 방향**을 갖는 역사 과정을 특징지을 수 없다. 이는 그것이 지닌 모순적 경향 때문이다. 즉 개인과 관련해서는 어떤 시대에 뒤따르는 역사 시대를 이전 시대보다 '더 진보한 것' 혹은 '더 우수한 것'으로 분명히 묘사할 수 있게끔 해 주는 단일한 기준이 없다. 더 확장되고 다양해진 욕구들을 가질 뿐만 아니라, 그 욕구들을 충족할 수 있는 가능성도 더 많아진 오늘날의 문명화된 인간들이 이전 역사 시대를 살아간 개인들보다 우위에 있다고 할 수 있을까? 이 가능성의 범위가 의심할 여지없이 제한되어 있었지만 (일반적 현상의 차원에서 보자면 자본주의적 사회관계가 형성되어 있는 우리의 시대에는 불가능한) 창조적이고 의미 있는 노동을 통해 스스로의 욕구를 (비록 규정된 한계 내에서일지라도) 집단적으로en masse 충족할 수 있었던 역사 이전 시대를 살아간 개인들보다 그럴까? 시장과 상품 생산을 통해 가능해진 객관적이고 기능적인 사회관계의 범위가 무제한으로 성장한 것이 자본주의적 과정의 다른 특징이라 할 수 있는, 즉 유의미한 인격적 접촉의 소멸과 현실적인 공동체적 삶의 해체를 보상해 줄 수 있는가? 이와 비슷한 문제를 계속 진행시키고 정식화해 보는 것은 물론 꽤 그럴싸해 보인다. 이는 루소적 관점을 갱신하는 일이 아니다. 예술과 과학의 진보가 그러한 것처럼, 개인들의 측면에서 통일적 퇴보 과정인 것이 사회 전체의 관점에서 보자면 진보로 나타나며, 이것이 도덕의 쇠퇴를 동반할 수 있다는 점은 여기서 의심의 여지가 없다. 역사적으로 연속적이고 전형적인 개인들에 대한 관점으로부터 역사는 진보로도 퇴보로도 나타나지 않는다. 왜냐하면 그것을 절대 통일된 과정으로 특징지을 수 없기 때문이다. 인간 유의 보편화가 점점 더 보편적으로 다방면화되어 가는 개인들의 역사적 형성을 필연적으로 의미하지는 않는다. 이 총체적인 역사적 경향은 '1차원적'이며 제한적, 부분적인 개인들 혹은 마르크스가 말한 것처럼 '추상적' 개인들 사이의 관계와 상호 교류의 다양화와 확장을 통해 실현될 수 있다.

이 지점에서 마르크스의 '인간학'은 그의 **소외 이론**과 밀접하게 연관된다. 여기서 소외라는 관념과 연관된 복잡한 문제를 상세하게 논하는 것은 우리의 과제가 아니다. 마르크스는 다양한 저작에서 이 문제를 다방면에 걸쳐 다룬다. 이는 그의 초기 저작들에서 나타나는 것처럼 개인의 관점에서 주로 다루어지거나(이는 무엇보다도 헤겔《정신현상학》의 방법을 유물론적인 방식으로 재해석하여 활용하고자 하는《수고》에서 다루어진다), 후기 저술들에서처럼(주요하게는《독일 이데올로기》와《그룬트리세》에서) 사회의 관점에서 다루어진다. 다음의 관찰에서, 우리는 주로 이 후기 저작들을 참조할 것이다. 우리는 그 저작들 안에 주어진 더 포괄적인 (그리고 다소 더 성숙한) 논의에 기반을 둔다.

《독일 이데올로기》에서 마르크스는 다음과 같은 방식으로 소외의 과정을 다룬다. "사회적 힘, 즉 서로 다른 개인들의 협력을 통해 발생하는 거대한 생산력은 이 개인들에게는 노동 분업 안에서 결정되는 것으로 나타난다. 왜냐하면 **개인들의 협력은 자발적인 것이 아니라, 자연적으로 주어진 것**, 즉 개인들의 통일된 힘으로가 아니라 개인들이 그 기원과 목표를 알지도 못하고 따라서 통제할 수도 없으며, 반대로 인간의 통제나 의지, 행위에 대해서도 독립적인 일련의 특정한 국면과 단계 들을 거친 개인들 외부에 존재하는 낯선 힘으로 주어지기 때문이다. 이것이 철학자들에 의해 파악되는 방식으로 표현된 '소외'다."[21] 소외 현상이 가장 두드러지게, 보편적으로[22] 나타나는 자본주의 사회에서는 소외가 경제 영역에서 최초로 나타난다. "동시에 그것의 객관적 조건이기도 한 노동 생산물의 증가 및 재생산의 조건은 지속적으로 노동으로부터 소외되어 있으면서 노동을 지배하는 (자본가로 의인화된) **자본**, 즉 힘으로서 노동을 마주한다. [...] 따라서 생산자는 생산물에 의해 통제되며, 주체는 대상에 의해, 즉 대상에서 실현되고 있는 노동에 의해 통제된다. [...] 노동과 노동 조건의 관계는 뒤집어지며, 따라서 노동자가 노동 조건을 이용하게 되는 것이 아니라, 노동 조건이 노동자를 이용하게 된다. [...]."[23]

즉 "생산의 모든 사회적 역량들Potenzen은 자본의 생산력이고, 자본이 그 힘들의 주체로 나타난다."[24] 이는 생산 과정의 총체적인 토대가 되는 추상적 지식과 노동자들의 협업형태를 포함하는 생산의 객관적 조건이 구체적인 생생한 노동과 노동하는 주체들로부터 분리되며, 또 잉여가치의 전유와 증가를 위한 도구로, 즉 노동자들의 착취를 위한 도구로 전환된다는 것을 의미한다. 다시 말해 생산의 객관적 조건은 **노동을 지배하는 자본의 힘**이 된다.[25]

동시에 소외 개념은 단순히 경제적 영역을 특징짓는 것이 아니라 사회적 삶의 총체를 특징짓기도 한다. 즉 소외 개넘은 인간 역사의 특정 시기 내 사회적 존재의 모든 영역이 가진 공통적이고도 상호 연관적인 어떤 특징과 특성 들을 두드러지게끔 한다. 그래서 정치 영역에서 소외 개념은 개인들의 현실적 삶과 사적인 삶으로부터 독립되어 있는 '외화된 공적 권력'이자 '환상의 공동체'인 국가로 나타난다. 인간관계 일반과 관련하여, 소외 개념은 개인들 사이의 상호 교류의 물화reification, 상업으로 나타나며, '자연적으로 주어진' 공동체들의 해체에 뒤따르는 개인들의 원자화로 나타난다. 지적 생산 영역에서, 소외 개념은 일상적 의식의 물신화로 나타나며, 육체노동으로부터 정신노동의 분리는 물질과 물질적 삶에 대한 이념들의 지배로 전환하는 이데올로기의 출현으로 나타난다. 그리고 소외는 다른 의미에서도 '총체적인' 사회-역사적 현상이다. 즉 소외는 피착취 계급과만 연관되는 것이 아니라, 사회 내 **모든 계급**을 포괄하며, 사회 내 **모든 계급**에 영향을 미친다(비록 계급들 간의 소외 형태가 서로 다르고, 때로는 상반될지라도). "유산계급과 프롤레타리아 계급은 동일하게 인간의 자기 소외를 나타낸다. 그러나 유산계급은 이 자기-소외에서 편안함을 느끼고, 그것을 더 확고히 하려 한다. 왜냐하면 그들이 이 소외가 **자신들의 권력**임을 알기 때문이고, 소외 안에서 인간 존재의 **외관**을 소유하기 때문이다. 프롤레타리아는 이 소외 속에서 스스로가 파멸하고 있다고 느끼며, 소외에서 자신의 무력함을 발견하고, 동시에 인간 실존의 실제성을 발견한다. 헤겔의 말을 사용해 보자면, 프롤레타리아는 질적으로 저하되지만, 그러한 저하에 대한 **반란**Empörung이기도 하다. 즉 프롤레타리아는 필연적으로 자신의 인간 **본성**과 자신의 삶이 처한 상황, 즉 그 본성에 대한 공개적이면서도 결정적인, 철저한 부정이라 할 수 있는 상황 사이의 모순으로 이끌린다."[26]

마르크스는 《독일 이데올로기》에서 소외의 역사적 기원과 '필연성'을 고찰하면서 한편으로 그것을 자연적으로 주어진 노동 분업,[27] 사적 소유의 출현과 그것의 존속으로 규정된 총체적인 역사 과정의 한 국면이자 구성 요소로 묘사한다. "그리고 마침내 노동 분업은 우리에게 어떻게 인간 스스로의 행동이 그 자신에게 대립되는, 자신에 의해 통제되지 않고 자신을 노예화하는 낯선 폭력이 되는지, 그 첫 번째 사례를 제공한다. 인간이 자연적으로 주어진 사회에 남아 있는 한에서, 즉 특수 이익과 공동 이익 사이의 분열이 존재하는 한에서, 그러므로 활동의 분업이 자발적인 것이 아니라 당연히 주어진 것이 되어 버리는 한에서 말이다. [...] 개인은 이 낯선 폭력이 어디서 왔고 어디로 가는지 알지 못하며, 더는 그 낯선 폭력을 지배할 수 없다. 오히려 이 낯선 폭력은 본래적인 힘이면서도 인간의 의욕과 노력에서 독립적인 힘이며, 개인의 의욕과 노력을 조종하면서 일련의 국면과 발전 단계를 관통하는 힘이 된다."[28] 게다가 "개인들은 항상 그들 자신으로부터 출발해 왔다. 즉 그들은 항상 그들 자신으로부터 시작한다. 개인들의 관계는 그들의 현행 삶의 과정에 대한 관계이다. 개인들의 관계가 개인들로부터 독립되는 것, 개인들이 누리는 삶의 힘들이 그들 자신에게 매우 강력하게 대항하게 되는 것은 무엇 탓일까? **노동 분업**이라는 한 단어에서, 생산력의 역사적 수준에 언제나 조응하는 그 단계에서 그 답을 찾을 수 있다."[29] 그리고 "노동 분업과 사적 소유는 동일한 표현이기도 하다. 즉 노동 분업은 활동과 관련하여 말해진 것이고, 사적 소유는 그 활동의 생산물과 관련하여 말해진 것으로 이 둘은 동일한 것이다."[30]

게다가 마르크스는 후기의 경제학적 저작에서 자연적으로 주어진 노동 분업 및 사적 소유와 소외 사이의 상호 연관성, 유사성에 대한 이러한 생각을 숙고해서 명시해 놓았다. 마르크스는 전자본주의적인 사회구성체들과 소유 형태들을 검토하면서, 가족 안에서의 '자연적' 노동 분업으로부터 전통적-세습적이며 '자연적으로 주어진' 사회적 노동 분업으로의 전환(사회적 접촉의 확장과 더 큰 사회 단위들의 형성 탓에 이루어진 전환)이 **공동적**communal 토지 소유라는 기반 위에서 출현했다는 결론에 도달했다. '아시아적' 생산양식[31]에서 그러한 것처럼, 이러한 계급사회로의 최초의 '이행적' 절차에서는(변화에 대한 대규모 실제 저항에도 불구하고), 이미 소외의 특정한 특징들이 출현했다. 비록 이것이 기초적이며 원시적인 형태, 더 정확하게는 투박하고 잔혹한 형태(예컨대 카스트 제도에서처럼)[32]였을지라도 말이다. 고대 그리스라는 독특한 조건 속에서 처음으로 역사적으로 진화한 토지의 사적 소유, 즉 사적 소유에 토대를 둔 계급사회가 발전한 '고전적' 진로는 마침내 자본주의 세계 시장을 창조했고, 이를 통하여 세계의 전 인구를 이 '전형적인' 발전의 노선 안으로 끌어들였으며, 소외의 발달 및 점진적인 확장과 함께 인간 활동의 전 영역으로 이어지게 되었다. 보편적으로 되어 가는 이러한 소외의 경향은 자본주의 사회에서 정점에 도달했다. 마르크스의 관점에서 소외는 고정된 조건이 아니라, 규정된 경향을 가진 역사적 **과정**이라는 사실이 다시 강조되어야만 한다. 물론 이것이 소외가 보편적으로 되어 가는 경향이 어느 시대에나 사회를 구성하는 개인들의 자율성과 주체성의 모든 자취들을 절멸하는 총체적이고도 절대적인 것이라는 의미는 아니다. 더욱이 나중에 보겠지만, 소외의 역사적 발전은 인간 개인성의 역사적 출현과 일치하기 때문에, 소외의 성장은 어떤 점에서 소외의 제거를 위한 **주체적** 전제조건들도 동시에 창조하고 형성한다.

자연적으로 주어진 노동 분업은 그 특성상 애초에 스스로 하는 **생산 활동**으로부터 개인을 필연적으로 소외시킨다. **개인적인 차원**의 노동과 비교해 볼 때, 이 노동은 자기-활동이라는 질을 상실하며, 행위자가 다방면에서 발전하는 것을 중단시키고, 자신의 능력을 자유롭게 진화시킬 수 없도록 만든다.

반대로 사회적 노동 분업이 더 발전할수록, 노동은 더욱 노동하는 개인을 일면적으로 변형시키는 외재적이고 강제적인 활동이 된다. 그 활동 과정에서 노동자는 "자유롭게 신체적, 정신적 에너지를 발전시키지 않고, 자신의 육체를 소모하면서 자신의 정신을 파괴할 뿐이다."[33] (그러나 동시에 사회적 노동 분업의 관념에 함축된, 사회 전체 차원에서 이루어지는 일면적 활동들 간의 상호 보완과 교환 덕분에, 노동은 새로운 인간의 욕구 및 능력을 창조하며 발전시키는 그 활동의 특성을 보존한다.) **사적 소유**라는 제도는 노동자들을 자신이 만든 노동 **생산물**로부터 분리시키고, 그가 활동한 결과를 그 활동을 지휘하는 누군가에게 귀속되는 소외된 대상으로 만들어 낸다. 이런 방식으로 객관화/대상화로서의 노동은 **소외된 노동**으로 전환되며, 이 토대 위에서 소외 현상 일반은 사회적 삶의 전 영역으로, 사회적 삶의 전 측면으로 확장된다. 이와 함께 개인들은 스스로의 행동과 창조에 대한 통제력, 인간 활동의 사회적 힘과 생산물에 대한 통제력을 상실하며, 이 힘은 결국 그들 스스로의 삶을 처분해 버리는 소외된 객관적 힘이 되어 버린다. 자본주의적 생산은 소외의 가장 능숙한 형태이며 이는 "노동자 본인의 발전으로부터 독립된 자본의 힘에 노동자를 맞부딪치게 하는, 따라서 노동자 본인의 발전과는 직접적으로 대립하는, 노동이라는 사회적인 생산적 힘이 갖는 특별한 발전 형태"[34]다. 따라서 우리가 앞서 말했던 것처럼 소외의 조건에서는 개인적 발전과 사회적 발전 사이의 불일치가 필연적으로 뒤따른다. 더 정확히 말해, 소외는 **이러한 불일치와 다름없다.** 소외는 인류의 역사적 진보를 개인들 각각의 발전과 분리시킨다. 그렇기 때문에 이로써 자기-구성적이고 창조적인 인간 활동의 특성들은 사회 전체라는 더 큰 맥락에서만 출현하게 된다. 즉 자기-구성적, 창조적 인간 활동은 개인 자신에 대해 이루어지는 개인적 활동의 효과로는 나타나지 않는다. 그러므로 소외는 마르크스적 의미에서 **인간 본질과 인간 존재 사이의 분리이자 대립**일 뿐이다. 소외를 넘어선다는 것은 인간 본질과 존재 사이의 이러한 불일치와 대립을 제거하는 것을 의미한다. 즉 사회적 삶의 풍부함과 다차원성, 개인들의 삶이 가진 한계와 일차원성 사이의 대립적, 적대적인 관계를 종결시킬 수 있는 역사적 발전을 위한 조건을 창조하는 것을 의미한다. 따라서 소외의 종말은 인간 유의 보편성과 자유가 자유로우며 다차원적인 인간 삶 속에서 직접 나타날 때, 개인들 각자의 발전 단계로 사회 발전과 인간 진보의 일반 단계를 판단할 수 있게 해 줄 사회적 조건을 창조하는 것을 의미한다. "공산주의는 **인간의 자기 소외인** 사적 소유에 대한 **적극적** 지양이며, 따라서 인간을 통한, 인간에 대한 **인간 본질의 실제적인 전유**이다. 그러므로 공산주의는 인간이 이전에 발전시킨 총체적 부와 함께, 본인을 완성하고, 의식적으로 스스로를 회복하는 것이다. 즉 사회적인 인간, 다시 말해 인간 존재의 회복. 공산주의는 이처럼 [...] 인간과 자연 사이의, 인간과 인간 사이의 적대에 대한 **진정한** 해결이다. 그것은 존재와 본질 사이의 대립, 객관화/대상화와 자기 확인 사이의 대립, 자유와 필연성 사이의 대립, 개인과 유 사이의 대립에 대한 참된 해결이다. 공산주의는 역사의 해결된 수수께끼이며, 스스로를 이 수수께끼의 해결로 인식한다."[35]

게다가 "인간 유의 발전이 처음에는 인간 개인 다수 혹은 어떤 계급들의 희생으로 출현한다고 할지라도, 결국 그것은 이 적대를 통해 붕괴되며, 단일한 개인의 발전과 일치한다. 따라서 더 높은 개인성의 발전은 개인들이 희생되는 역사적 과정을 통해서만이 성취된다. [...]."[36]

이렇게 생각을 해 나가다 보면, 마르크스가 특정한 추상적-일반적 사회-경제적 범주들과 사회적 발전의 관계에 대해 언급한 것을 어떤 의미에서 '인간 본질' 개념에도 적용해 볼 수 있다는 것을 발견할 수 있다. 마르크스는 '노동Arbeit'이라는 일반적인 경제적 범주에 대해 언급하면서, 다음 사실을 강조한다. "현대의 경제가 노동에 대한 논의를 앞세우고 있다는, 그리고 그것이 모든 사회적 형태에 타당한 가장 오래된 관계를 표현한다는 가장 단순한 추상은, 그것이 단순한 추상에 불과함에도 가장 현대적인 사회의 범주로서 실천적인 진리에 도달한다."[37] '인간 본질'이라는 일반적인 철학적 관념은 이와 비슷하게 인간 역사의 전 과정에 '타당'하며, 전 과정에 적용 가능하다. 그러나 '인간 본질'이라는 관념은 오직 공산주의에서만 **실천적인 진실에 도달한다**. 왜냐하면 인간 본질이 현실적인 **인간의** '본질'이 되는 것, 그래서 그것이 구체적 개인들의 특성이 되는 것은 오직 공산주의에서뿐이기 때문이다. 우리가 실제 삶으로부터 개인들의 상황과 활동을 추상해 낼 때에만, 즉 우리가 개인들에게 본질적인 모든 것을 무시하고 사회 전체의 진보를 검토할 때에만, 이 개념은 '역사 이전', 즉 앞선 시대의 사회에도 타당할 것이다. 따라서 소외의 역사 시기에 '인간 본질' 개념은 추상적으로만, 즉자적으로만 타당하다. 그것의 구체적 타당성과 내용은 실천적-역사적인 공산주의적 발전 과정에서 점차적으로 전개되는 다차원적이고도 자유로운 개인성의 실현을 통해서만 성취된다.

바로 이것이 마르크스가 자본주의와 공산주의의 차이를 기술할 때, 단순히 두 개의 연속적인 사회구성체 간의 구별이 아니라 가치의 위계 차원에서 차이를 드러낸 이유이다. 인간은 자신의 본질을 통해 자연에 대한 통제력의 확장을 지향하고 더 보편적인 상호 교류와 더 보편적인 자율성, 더 보편적인 의식을 지향하면서, 자기-활동을 통해 스스로를 형성하는 보편적이고 자유로운 존재다. 인간 발전의 이러한 경향은 사회적 진보의 총체성이 갖는 특성이 그러하듯 모든 사회적 형태에서 발휘될 수 있지만, 소외가 일반화된 시대에는 오직 추상적으로만, 즉자적으로만 타당하다. 물론 사회적 진보 전반에 대한 추상과 그 진보의 주체이자 그 진보를 겪어 내는 자로서의 인간 유에 대한 추상은 공허한 것이 아니다. 이 추상들은 객관화/대상화의 체계 내에서 객관화/대상화된 사회관계들의 체계와 그 관계들의 발전 과정에서 서로 객관적이며 경험적인 연관성을 가진다. 그럼에도 앞서 말한 역사와 관련해서 보자면, 이 추상들은 사소한 논리적 의미에서만이 아니라 이 단어의 헤겔-마르크스적인 의미, 즉 철학적인 의미에서도 추상들, '추상적 규정들'일 뿐이다. 왜냐하면 우리는 진보로 나타나는 객관화/대상화의 연속적인 역사적 변화에 대해 말하면서 다음과 같은 가장 본질적인 사실을 무시해야 하기 때문이다. 즉 그 객관화/대상화가 단지 죽은 객체/대상이 아니라 인간적 객관화/대상화이기 때문에, 사회적인 상호 관계는 사회적 삶의 궁극적이고 현실적인 주체로 남아 있는 구체적인 역사적 개인들의 삶 내부에서의 결합이라는 사실을 말이다. 소외가 역사적-실천적으로 지양될 때에만 인간 본질도 살아 있는 개인들과 그들의 현실적인 공동체를 특징지어 주는 대자적이면서도 구체적인 규정이 될 수 있다. 공산주의가 인간 유와 인간 개인이 **동시에** 상호 연관되어 자유롭게 발전하는 것을 가능케 해 주는 사회, 따라서 인간 본질을 '충분히' 실현해 내는 사회인 것으로 마르크스의 도덕적 확신을 획득한 이유는 이것 때문이다. 이는 인류의 **역사 이전 시기**와 구별된다. 왜냐하면 이는 "미리 상정된vorausgesetztes 주체로서 인간이 만든 **실제적** 역사는 아니지만, 미래의 '실제적'이고도 현실적인 역사로부터 인간의 창조 행위, 본래적 역사인 그러한 역사"[38]이기 때문이다. 마르크스의 전 저작을 가로지르는 '역사 이전'이라는 개념을 단순한 은유로 이해해서는 안 된다. 마르크스에 따르면 인간의 생성 과정은 생물학적 종으로서의 **호모 사피엔스**, 즉 한정되어 있으며 영속적으로 동일한 생물학적이고도 인류-물리학적anthrophysical 특성들을 가지고 있는 한 종의 형성에서 완결된 것이 아니다. 사실 이는 **인간의 사회적-역사적 생성**, '유적 존재'로서의 인간의 생성이 출발하는 시작점이자 토대일 뿐이다. 이 사회적 생성은 인간 유를 마침내 **인류**로, 즉 전 세계적으로 상호작용하면서 상호 연관을 맺는 개인들[39]이 현실적이고도 의식적인 통일체가 되게끔 하는 '역사 이전' 과정, 그러면서도 한편으로는 역사적으로 성취된 '유'의 발전 단계를 참되게 **나타내게 하는** 구체적이고도 다차원적인 인간의 개인성이 발생하도록 하는 '역사 이전'의 과정이다. 이러한 이중적이면서도 통일된 과정은 오직 현존하는 소외된 사회관계 체계에 대한 혁명적, 공산주의적인 전환을 통해서만 완결될 수 있다. "보편적으로 발전된 개인들, 그들의 사회적 관계와 공동체적gemeinschaftlich 관계는 따라서 그들이 속한 공동체적 통제에 종속된다. 이 관계들은 자연의 생산물이 아니라 역사의 생산물이다. **이러한 개인성의 형성이 가능해지는 능력들의 발전 정도와 보편성은 선험적 조건이라 할 수 있는 교환가치의 토대 위에서 이루어지는 생산을 가정한다. 그 조건의 보편성은 개인들을 그 자신과 타자들로부터 소외시키기도 하지만, 개인들의 관계와 능력의 보편성과 포괄성**Allseitigkeit**을 생산하기도 한다."[40] 이러한 맥락에서 소외의 시대는 **단순히 인간 본질을 전개해 나가는**

데 부정적인 선재 조건이 아니라('눈물의 계곡'이 구원하려 하는), 모순 속에서 인간 본질을 **긍정적으로** 형성해 내는 시기이기도 하다. 소외의 시대를 거칠 때에만, 그 메커니즘을 통해서만 순수하게 '자연적으로 주어진' 지역적이고 제약적인 공동체가 해체될 수 있으며, 오직 그렇게 함으로써 인간적 상호교류의 영역이 점점 더 확장되고, 마침내 인류 전체(세계 시장)를 사실상 포괄하게 되는 것이다. 이 과정은 동시에 개인들에 대한 모든 규정들(개인들의 사회적 지위 등을 포함하는 특성들)의 전환으로 나타난다. 개인들의 구체적인 개성과 불가분한 자연적 특성들에서부터 개인들로부터 분리 가능하며 외재적인 사회적 규정들에 이르기까지, 그들은 본인들에게 불변하는 것으로 **나타나는** 발전의 초기 단계를 본인의 활동을 통해 스스로 변화시킬 수 있게 되는 것이다.[41] 이는 의심할 여지없이 비인격화 과정, 자기 결여self-emptying의 과정이지만, 그 스스로의 사회적 관계와 규정에 대한 통제를 위한 **주체적인** 선재 조건이기도 하다. 결국 이는 아마도 가장 중요한 요인일지도 모르겠다. 오직 소외의 과정을 통해야만 인간 해방의 근본적이고도 **객관적인** 선재 조건을 구성하는 객관화된 인간의 욕구와 능력 들을 충족할 수 있는 긍정적인 부가 나타날 수 있기 때문이다. 마르크스 변증법의 장엄함과 용감함은 마르크스가 이러한 역사적으로 가장 '진보적'이고 '긍정적'인 소외의 측면들을 소외가 가진 가장 뚜렷한 부정적 계기이자, 윤리적으로 가장 개탄스러운 계기, 즉 억제되지 않는 **착취**의 성장으로 나타나는 것과 곧바로 연결시킨다는 사실에서 분명하게 나타난다. "우리가 노동이 자본에 **형식적으로만** 포섭된다고 여길 때조차도, 자본의 **생산성**은 우선 **잉여 노동**, 즉 즉각적인 욕구Bedürftigkeit를 넘어선 노동을 **수행하려는 충동**에 있다. 즉 자본주의적 생산양식이 이전의 생산양식과 공유하는 충동, 그 충동은 생산에 더 유리한 방식으로 운동하고 실행된다."[42] 그리고 "자본이 남긴 거대한 역사적 측면은 이 **잉여 노동**을, 사용가치의 관점에서 볼 때에나 한낱 생계의 관점에서 볼 때 필요한 것 이상으로 노동을 **창조**하는 것이다. 그러나 그것의 역사적 운명은 이내 완수되며, 한편으로는 필연성을 넘어서는 잉여 노동이 개인적 필요 그 자체로부터 발생하는 일반적 필요가 된다. 즉 필요가 발전하는 것이다. 그리고 한편으로는 계속 이어지는 세대들Geschlechter에 작용하는 자본의 엄격한 규율이 새로운 종들의 일반적 속성, [...] 즉 부의 일반 형태를 얻으려고 끊임없이 노력하는 일반적인 근면성Arbeitsamkeit을 발전시킬 때, 자본은 노동이 그것의 자연적 빈약함Naturbedürftigkeit이 갖는 한계를 넘어서도록 추동하며, 따라서 생산과 소비에서 다방면으로 나타나는 풍부한 개인성의 발전을 위한 물적 계기들을 창조한다. 그러므로 그의 노동은 또한 더 이상 노동으로가 아니라, 활동 그 자체의 완전한 발전으로 나타난다."[43]

우리의 주제와 관련하여 발생할 수 있는 또 다른 문제는 역사에 대한 마르크스의 관점이 갖는 '목적론적' 성격에 관한 문제이다. 인간 본질 개념은 이미 위에서 명확해진 것처럼 규정된 **방향**을 갖는 통일적 과정으로 역사에 대해서 이해하는 것을 상정한다. 그러나 마르크스의 사상 전체를 볼 때 이러한 관념이 정당한 것일까?

역사 과정의 내적 통일이라는 이념은 사실 마르크스의 인간, 사회 개념이 갖는 근본 원칙들에 이미 암시되어 있다. 인간은 물질 세계로부터 전적으로 독립적이며, 자유롭고 '순수한' 자기-활동의 결과로 규정되는 일종의 '벌거벗은 자기-의식'이 아니다. 인간 개인은 물질적이고 자연적인 존재이다. 인간 개인은 자신이 처한 실제 환경에 의존하며, 자신이 가진 욕구와 능력의 사회적 대상, 즉 그 자신으로부터 독립적으로 존재하면서 삶을 실현해 주는 대상들에 의해 조건 지어져 있다. 그러나 개인은 동시에 능동적인, 즉 인간적으로 능동적인 존재이다. 그에게 환경이란 외재적으로 주어진 사실이 아니라 그 본인의 활동을 통해 전유되고 변형된 물적 현실이다. 모든 세대는 이전 세대들에 의해 창조되고 대상화된 사회적 '환경'mileu(무엇보다도 축적된 생산력과 사회관계)을 상속 받으며, 그것을 전유한다. 그리고 모든 세대는 그 스스로의 개인성을 통해 규정된 경향 속에서 그것들을 변화시킨다. 사회적 현실성에 대한 능동적 전유 과정에서, 이 능동적 전유 과정을 통해, 스스로를 형성해 가면서 말이다. 이전 세대의 활동이 만들어 낸 생산물들은 뒤이은 세대의 삶의 조건을 결정하고, 일반적으로는 이 조건과 함께 후세대의 '방향', 즉 뒤이은 세대의 활동 가능성과 한계도 결정된다. "역사는 각각의 세대들의 계열화 외에는 아무것도 아니다. 각 세대는 모두 이전 세대에 의해 물려받은 물질, 자본, 생산력을 이용한다. 따라서 한편으로 각 세대는 전적으로 변화된 환경들 속에서 전통적인 활동을 지속시킨다. 그리고 한편으로 각 세대는 전적으로 변화된 활동과 함께 낡은 환경들을 변형시킨다."[44] 오직 이러한 이유로 역사는 "일련의 연속되는 상호 교류의 형식", 즉 하나의 통일적 과정을 나타낸다. 따라서 인간 역사의 통일성은 마르크스의 역사결정론과 가장 밀접하게 관련되어 있다. 즉 인간 역사의 통일성은 역사결정론에 그 토대를 두고 있다. 왜냐하면 이 통일성은 실제로 역사 과정 자체의 **내적** 결정 외에 다른 것을 의미하지 않기 때문이다. 이는 사회적 삶에서 일어나는 변화가 사회 자체의 내적 동력으로부터의 '자기-운동'으로 이해된다는 것을 의미한다. 마르크스의 사회 이론을 전체적으로 분석할 때에만 가능한 이러한 역사결정론 개념의 검토는 우리 연구의 범위를 넘어선다. 우리는 단지 역사결정론에 대한 마르크스의 생각이 이전 세대들의 노동을 통해 만들어진 외적, 물적 조건들에 대한 사회적 활동의 기계적인 의존을 의미하는 것이 아니라는 점만을 강조할 것이다. 그러므로 역사결정론은 총체적인 역사 과정에 대한 숙명론적인 예언을 상정하지 않으며 오히려 이를 배제한다. 즉 역사결정론은 역사가 현실적인 인간 활동을 넘어서 스스로를 확증하는 결정을, 인간 활동으로부터 독립적인 역사의 결정을 오히려 배제한다. 자연적으로 모든 세대는 '결정된 환경 아래에서', 즉 과거로부터 상속 받은, 과거로부터 전유해 온 생산력과 상호 교류 형태, 제도와 문화적 가치 형태의 토대 위에서 활동한다. 그러나 모든 세대는 또한 이 환경들과 조건들을 수정하고 변형시킨다. 과거로부터 물려받은 조건들이 인간의 활동을 통해 끊임없이 **재생산**된다고 할지라도 말이다. 이는 인간 세대들의 활동이 항상 그들이 '상속 받은' 삶의 객관적 조건들에 의해 한정된 범위 안에서, 한정된 **발전적 가능성**과 한정된 **발전적 전환**의 범위 안에서 이뤄진다는 것을 의미한다. 개인들은 이 가능성들 사이에서 (알고서 그러거나 모르고서 그러거나) 그들 본인의 실제적 실천을 '선택한다'. 이러한 전환의 실현은 (의식적으로건 혹은 무의식적으로건) 구체적인 인간 활동들 전체에 의해 결정된다. 역사적 미래는 어떤 사회적 인과성이나 일종의 역사 목적론의 결과로 **주어지지 않**는다. 그것은 오직 창조적인 **사회적 실천** 과정에서만 실현되며, 이 실천의 계기와 대상으로서만 전유될 수 있다.

우리는 역사결정론에 대한 마르크스의 개념을 속류적인 기계론적 방식으로 이해하는 것을 마르크스주의에 대한 비판에서뿐만 아니라 몇몇 마르크스주의자의 저작에서도 (실은 꽤 빈번하게) 마주한다. 이는 역사적 전환에 대한 문제를 제거할 때, 마르크스와 레닌이 강조했던 역사적 전환의 존재와 중요성을 무시할 때 가장 선명하게 나타난다. 결과적으로 이러한 해석은 아무리 언어적으로 탁월하게 기술되었다 할지라도, 순수하게 자연적인 과정과 사회-역사적인 과정 사이의 차이가 갖는 흔적을, 이 두 과정들에 대한 각각의 규정들이 갖는 형태 사이의 차이가 갖는 흔적을 남겨두지 못했다(이러한 경향은 스탈린과 '표준적인' 마르크스주의 일반의 특징이라 할 수 있는, '사회 법칙'에 대한 통념을 물신화해 놓은 표현에서 분명하게 나타난다). 이러한 개념화에서 역사는 기껏해야 미덥지 않은 기차 시간표와 유사한 것으로 묘사될 뿐이다. 그 시간표에는 어떤 역에 열차가 도착할지 여부만 자연적으로 미리 고정되어 있으며, 도착하는 시간은 함께 주어지지 않는다. 한편 마르크스에게는 어떤 경우에도 (주어진 조건에서) 진보적인 사회적 변혁(혹은 역사적으로 '더 우수한' 사회구성체)의 **역사적 필연성**이 불가피하지 않다. 그것은 오히려 현존하는 사회관계의 **한정된** 급진적 변화와 전환이(즉 지적 생산과 물질적 생산의 현 수준에서 실천적으로 만들어질 수 있는 변화와 특정한 대규모의 사회 그룹들의 이익에 상응하는 변화가) 사회의 근본 모순을 지양함으로써 주어지는 역사 구성체의 내적 위기에 대한 **실제적인 해결책**을 제공할 수 있다는 것을 의미한다. "그들을 문명화의 과실을 획득하거나 빼앗긴 결과로 묘사하지 않기 위해서, 그들의 상호 교류 형태와 양식이 더 이상 현재의 생산력에 조응하지 않는 계기로부터 그들에게는 모든 전통적인 사회 형태를 변화시킬 의무가 주어진다."[45] 이 '해결책'

이 실제로 출현할 것인지의 여부는 대립하는 사회적 이익들과 객관적 모순들의 존재만으로, 즉 위기 자체의 출현만으로 보장되지 않는다. 벗어나는 데 단일한 방법만 있는 역사적 위기는 없다. 즉 위기를 둘러싼 실제적인 쟁점은 항상 수많은 구체적인 역사적 대안들 중 하나이다. 이 가능성들은 인간에 의하여, 그들의 활동에 의하여, **계급의 혁명적 실천**에 의하여 실현된다. 이러한 사회적 활동은 토대인 경제적 결정 요인들을 넘어선 다수의 구체적인 역사적 요인들(위기 자체의 원인이 되는 구조의 토대라는 특성에 비해서는 전적으로 우연적인 것일 수 있는 무언가)에 영향을 받는다. 만약 다양한 구체적 환경들의 결과로서, 혁명적-실천적으로 끊임없이 '역사적 해결'의 과업을 이행할 수 있는 **주체적인 힘**이 없다면, 위기는 끊임없이 완화된 갈등과 모순만을 재창조하는 장기 침체로 이어질 수 있다. 혹은 문명화의 역사적 퇴보를 구성하면서, 주어진 현 사회구성체의 파괴로도 이어질 수 있다. 또한 이 모든 것은 오랫동안 받아들여져 온 역사적 관점들에 대한 중요한 수정을 수반한다. 《공산당 선언》에서 다음과 같은 사실이 지적된 것은 바로 이러한 이유에서다. "각각의 시대는 사회에 대한 대대적인 혁명적 재건이나 상호 투쟁 중인 계급들의 공멸로 끝이 난다."[46]

아시아적 생산양식에 토대를 둔, 끊임없이 붕괴되었거나 계속해서 재건되었던 동양의 대제국들을 그 체제의 내적 모순들을 해결할 수 없어 계속해서 그 모순들을 재생산했던 역사 발전의 한 사례로 받아들일 수 있다. 이 제국들은 결국 (적어도 몇몇 경우에는) 뿌리 깊게 오래 지속된 침체를 겪었다. 그러나 사회 발전의 '고전적' 길에서조차 우리는 역사적 종언과 마주한다. 이는 고대 그리스의 발전이 붕괴되고 15세기 이탈리아에서 이루어진 자본주의의 이른 시작이 질식해 버린 것만 봐도 알 수 있듯이 말이다. 루카치는 마르크스를 해석하면서 올바르게 다음과 같이 지적했다. "봉건 사회가 유기적으로 자본주의를 낳았다고 볼 수는 없다. 봉건 사회는 단순히 '스스로의 소멸을 향한 물적 요인들을 낳았을 뿐'이다. 봉건 사회는 '스스로가 스스로에 의해 구속당하고 있다고 느끼던 사회의 자궁 속에 내재한 힘들과 정념들'을 해방시켰다. 그리고 '일련의 강제적 방법'을 포함하는 발전 과정에서 이 힘들은 자본주의의 사회적 토대를 마련해 주었다. 이러한 이행이 완결된 **이후**에만 자본주의 경제 법칙이 힘을 발휘한다."[47]

동일한 이유에서 사회적 사건에 대한 **예측**의 형태를 취하는 '역사적 필연성' 개념을 명증하게 해 주는 것은 자연과학의 예측과 달리 단순히 이론적인 활동이 아니다. 구체적인 역사적 관점을 있는 그대로 드러냄으로써, 사회적 사상은 의식을 발전 가능한 길로 이끌 수 있고, 현재 상황에서 사회적 활동들의 가능한 결과를 만들어 낼 수 있다. 그리고 이는 그 자체로 필연적으로 이러한 가능성을 실현(혹은 반대로 그 가능성에 대한 저항)하기 위한 투쟁의 **한 계기, 한 부분**이 된다. 이는 그 자체로 어떤 변형을 위하여, 어떤 변형에 반대하여 사회적 힘을 동원하는 방법이며, 따라서 이론적 활동은 그 자체로 내적으로 실천적인 질quality을 갖는다. 그람시가 말한 것처럼, "우리는 투쟁만 예측할 수 있을 뿐, 그것의 구체적인 에피소드들을 예측할 수 없다. 이는 연속적인 운동 속에서 힘들이 대립한 결과여야만 하며, 절대 고정된 양으로 환원되어서는 안 된다. 왜냐하면 힘들에서 양은 항상 질이 되기 때문이다. 실제로 우리는 우리가 행위를 하는 만큼, 우리가 의지적인 노력을 기울이는 만큼 '예측'하며, 그렇게 '예측된' 결과를 창조하는 데 구체적으로 기여한다. 따라서 예측은 지식에 대한 과학적 행위가 아니라, 우리가 가하는 노력에 대한 추상적 표현, 집단적 의지를 창조하는 실천적 방법에 대한 추상적 표현이다."[48] 그리고 마르크스의 '인간 본질' 개념 또한 이러한 의미에서 이해되어야만 한다. 노동 과정에서 지각하는 것, 다시 말해 인간이 자유롭고 보편적인 활동을 통해 스스로를 형성하는 과정에서 지각하는 것, 즉 역사의 통일성은 인간의 생산이 '노동 해방'이라는 공산주의적 관점에서, 프롤레타리아의 혁명적 투쟁의 견지에서 관찰될 때에만 가능해질 것이다. 인간을 사회적-역사적 존재로 다루는 마르크스주의 철학은 단순히 특수한 방식의 '세계에 대한 해석'이거나 사회적, 역사적 삶에 대한 설명이 아니다. 이 개념화는 그 자체로 이론이며, 인간의 보편화와 자유를 향한, '세계'와 사회의 현 상태를 변혁하기 위한 역사적 투쟁의 부분이다. 즉 그것은 프롤레타리아의 **혁명적 실천**의 한 부분이다.[49] 실제 역사 과정이나 특정 시대의 발전 경향은 일종의 추상적 공식을 통해서는 파악될 수 없으며, 오직 실제적 삶의 관계들, 사회-경제적 조건, 그리고 그것들로부터 성장한 활동 형태에 대한 분석을 통해서만 파악될 수 있다는 사실이 마르크스의 역사결정론 개념으로부터 뒤따라 나온다. 마르크스는 구체적인 역사적 개인들의 활동 내용 외부에 있는, 그것을 벗어나 있는 법칙성이나 목적성에 역사를 종속시키려 하는 모든 학파의 사상을 신랄하게 비판했다. 어떤 지고한 **초월적** 목표나 목적이 역사 시대들의 연속적 과정을 결정한다고 보는 관조적인meditative 역사 개념이나, 단일한 추상적 도식으로 인간의 진보 과정을 파악하기 위해 역사와 사회 자체를 능동적으로 행위하는 인물로 전환시키는 개념은 마르크스의 사유에서 전적으로 벗어나 있는 것이다.[50] 마르크스의 역사 개념, 사회 개념은 우리가 과거에 벌어진 사건들이 지나온 주요 과정을 연역할 수 있게끔 해 주는 일반 공식, 또 동시에 **선험적으로** 미래 인류의 발전 경로를 구성해 주는 일반 공식을 제공하지 않는다. 오히려 이 개념은 역사의 과거와 현재 및 역사의 현실적이고 경험적인 내용을, 그 총체성 속에서, 그리고 구체적인 인간 활동의 살아 있는 상호작용으로부터 출현한 운동 속에서 이론적으로 파악할 수 있게끔 해 주는 **방법**이다. 또한 이 개념은 현재의 욕구들과 절박성, 그리고 그것들이 실현될 수 있었던 조건들에 상응하는 객관에 대한 지식과 함께, 총체성을 실천적으로 구성할 수 있는 **방법**이기도 하다. 그러나 이것은 마르크스가 (인간 본질 개념과 연관하여) 인간 역사 전체를 **규정된 방향** 및 '내재적 목적'[51]과 함께 통일된 과정으로 이해한다는 사실과 모순되지는 않는가? 인간 본질 개념 안에서 표현된 역사의 이러한 일반 경향이 이 과정들에 방향을 제시해 준다는 점, 이 과정을 지배하는 법칙인 역사적 변화의 구체적 과정 외부에, 그 과정을 넘어서서 존재하지 않는다는 점이 밝혀져야만 한다. 이 지점에서 우리는 상대적으로 독립적인 어떤 체계, 즉 단순히 외재적인 영향에 따라서가 아니라 그것의 내적인 동력과 법칙에 따라서 그 상태가 변화하는 체계를 마주하는 **어디에서나**, 그것에 속한 '현상학적' 법칙을 통해 체계의 '발전 경향'을 규정하는 것이 가능하다는 사실을 지적해 볼 수 있다. 그러나 무생물이건 생물이건 간에 상대적으로 독립적인 '자기-운동하는' 이 체계들의 현존은 언제나 환경(예컨대 열역학적 체계)과의 관계에 대해서는 상대적으로 **고립**되어 있다. 그리고 (살아 있는 유기체의 경우처럼) 환경에 비해서는 상대적으로 **영속적이고 고정적인 성격**에 기반하지만, 인간성의 역사적 발전의 토대는 무엇보다도 **변화**, 즉 환경으로서의 '자연'과의 더 역동적인 상호작용을 통해 구성된다. 바로 이런 이유로 이 발전의 일반 경향, 그것의 '내적 목적'은 불가피하며 미리 예정된 최종 조건을 향한, 즉 '운명적 종말'(엔트로피의 최대치, 유기체의 종말)을 향한 진보적인 접근으로 나타나지 않으며, 오히려 **원리적으로** 무한한 진보의 경향으로 나타난다.

그러나 모든 유비론적 논증은 본질적인 방식으로는 불충분하며, 심지어 심각하게 오도된 것이다. 진짜 중요한 것은 이 문제 자체의 특성에 있다. 우리가 앞서 지적한 것처럼, 역사의 일반적인 방향을 파악하는 것은 실은 인류의 발전 속에서, 그리고 현재의 **사회적 투쟁**들로부터 성장한 어떤 발전의 가능성, 즉 '집단적 의지', 대중들의 실천적인 사회적 활동을 통해서만 실현될 수 있는 어떤 발전의 가능성을 결정하고 고조시키는 토대 위에서, 현재의 역사적 상황에 의해 창조된 문제와 갈등 들의 역할과 자리를 발견하는 것이다. 이와 같은 과제는 순수하게 '객관적'이거나 이론적인 것이 아니며 오히려 역사적이고 실천적인 것이다. 합리주의의 대원칙, 즉 마르크스주의가 받아들이고 있으며, 확고한 이론적 토대를 제공해 주기도 한 이 원칙에 따르면, 인간은 단지 그 스스로가 창조할 수 있는 것만을 '알 수 있다.' 그러므로 인간들이 스스로의 역사를 **인도해 가는 것**이 본인들에게 **현실적이고 실천적인 과제**가 될 때에만(또한 그러한 과제가 되기 때문에), 역사의 '방향'을 규정하는 일이 의미 있는 이론적 문제가 된다. 역사 자체는 '목적'을 갖지 않는다. 어떤 의미를 '발생시킬' 뿐만 아니라, 그것을 의미 있게 **만들어 주는** 의식적인 인간 활동들로부터 **독립해** 있다면, 역사는 '의미 있는' 것도 '의미 없는' 것도 될 수 없다. 활동 과정에 있는 인간이 자신에게 주어진 구체적 상황과 사회적, 실존적 조건 및 실천적 가능성 들에 대한 상대적으로나마 올바른 지식의 토대 위에서 역사적 관점과 **역사적 의미**를 떠맡게 될 수 있는 **한에서만** 역사는 목적적이며 의미 있는 것으로 **된다.** 그러므로 결국 역사는 활동하는 개인들 본인이 그들의 사회적 활동의 역사적 결과물들을 스스로 통제할 수 있게 될 때에만, 그 가능성들이 이미 정초된, '결정된' 범위 내에서 스스로의 의식적이고 집단적인 결정을 통하여 그들 스스로의 발전을 규정할 수 있게 될 때에만 '의미 있게' 될 수 있다. 그렇기 때문에 그 자체로 긴 역사 발전의 결과라 할 수 있는 주어진 특정한 객관적 조건들이 형성 가능해지는 것은 필연적이다. 그러나 이 선재 조건이 창조되고 나타날 때, 역사적 진보 '방향'에 대한 이론적 명확성은 의식을 그 시대에 의해 만들어진 일반적인 발전 가능성으로 만들어 준다. 그리고 이 명확성은 그 자체로 순수 이론의 재료일 뿐만 아니라, **역사를 의미 있게 만들어 내는 데 필수적인 요소, 즉 실천적인 행위**인 것이다.

위에서 말한 대로 '인간 본질' 개념은 총체적인 역사 과정의 일반적인 경향의 기초 양상 및 특성을 규정하는 철학적 추상이다. 이 철학적 개념만 가지고는 우리가 어떤 특정한 역사 시기가 지닌 특수성과 그 역사 시기가 출현하고 및 파괴되는(예컨대 소외가 출현하는 역사적 필연성과 소외가 지양되는 역사적 필연성) 모습을 파악할 수는 없다는 사실이 마르크스의 개념화로부터 뒤따라 나온다. 마르크스는 자본주의적 사회관계와 자본주의적 조건, 자본주의의 내적 모순에 대한 구체적 분석의 토대 위에 현존하는 사회 질서가 혁명적이고 공산주의적으로 전환되는 '역사적 필연성'을 정초한다. 그리고 마르크스는 인간의 본질로부터 공산주의와 그것의 필연성을 연역하려 했던 포이어바흐나 1840년대 중반의 '진정한 사회주의자'들을 강도 높게 비판한다.[52] 마르크스가 헤겔에 관해 다루면서 강조했던 것처럼, 인간 본질은 상상된 개인 그 자체에 의해 운동하거나 작용하거나 현존하지 않는다. 오직 실제 인간 존재, 즉 구체적인 개인들, 역사적으로 규정되고 변화하는 개인들에게서, 그들의 활동을 통해서 운동하고 작용하고 현존한다. 결국 인간 본질은 오직 추상일 뿐이며, 이것은 총체성과 연관된, 즉 그들의 현 조건에 대한 급진적-혁명적 전환의 관점으로부터 출현하는 세대들의 연속적인 역사적 발전 과정이 가진 일면적 특성이다. 그러나 동시에 이 추상은 마르크스의 역사 개념에서 의문의 여지없이 중요한 역할을 한다. 왜냐하면 그것만이 역사의 **연속성과 진보** 개념에 대한 명확한 해명을 가능하게 하기 때문이다. 마르크스의 진보 개념은 널리 퍼져 있는 속류 해석들과는 대립하는 것으로, 기술적인 의미에서의 생산력 발전을 역사 진보의 유일하고도 배타적인 기준으로 설정하지 않는다. 마르크스에게 역사 진보의 척도로 여겨지는 것은 무엇보다도 본질적인 인간 힘들(욕구들과 능력들)의 신속하고도 제약 없는 발전을 가능케 하는, 그리고 그 힘들과 관련하여 다방면에서 자유로운 개인성의 전개를 가능케 하는 객관적 **조건들**이 창조된 정도이다. 즉 여기서 척도는 '인간 본질'이 구체적이고 개인적인 인간 존재로부터 진화하고 현실화될 수 있는 정도이다(근본적으로 중요한 것일지라도, 생산력의 발전은 이 복잡한 조건들 중 오직 한 계기일 따름이다). 이러한 방식으로만 어떤 초월적 스케일의 가치들에 따라서가 아니라 인간 발전의 객관적이면서도 역사에 내재적인, 보편적인 특징과 결부된 일반적으로 타당한 가치론적 견지로부터 특수한 시대들과 역사의 개별 현상들을 관찰하는 것이 가능하다. 왜냐하면 마르크스가 **인간적 가치**(가치들은 객관성과 일반성을 갖는 것으로 창조된 것이며 역사 변화 과정으로부터 출현하고 그 과정 안에 존재한다)로 본 것은 바로 객관적이거나 주관적인 형태로 '인간 본질'의 전개와 실현을 표현하고 촉진하는 인간 발전의 양상들이기 때문이다.

일반적으로 말하자면, '인간 본질'이라는 철학적 개념과 구체적인 역사적, 사회적 분석과의 관계는 분명 마르크스가 철학과 역사 연구 사이의 관계를 일반적으로 타당하게 정식화한 것을 따른다. "현실에 대한 묘사Darstellung와 함께, 독립적인 철학은 현존하는 것과의 매개를 상실한다. 기껏해야 인간의 역사 발전에 대한 관찰로부터 유래한 가장 일반적인 결과에 대한 개요, 즉 추상화만이 철학의 장소에서 받아들여질 수 있다. 실제 역사로부터 동떨어진 이러한 추상화는 그 자체로는 가치를 가질 수 없다. 이 추상화는 오직 역사적 재료를 마련할 수 있게 해 줄 뿐이며, 역사 속 특수한 지층들의 순서만을 다룰 뿐이다. 이 추상화는 철학이 그러한 것처럼 역사 시대들을 다루기 위한 방안이나 도식을 결코 마련해 주지 않는다."[53] 마르크스주의에서는 철학, '사회과학' 혹은 사회적 존재의 역사적으로 구체적인 형태에 대한 비판적 분석 사이에 첨예하고 원칙적인 분할선 따위가 없다.

마르크스의 인간 본질 개념과 역사결정론 개념 사이의 관계에 대한 검토는 마르크스 자신에게도 매우 중요한 의미를 갖는 것임에도 지금까지 명확히 논의되지 않았던 인간 본질의 더 많은 특성들에 대해서도 몇몇 주장을 허용한다. 그리고 이는 앞서의 분석을 보완해 준다. "인간은 실천적으로나 이론적으로 그의 유Gattung를 형성하는 유적 존재일 뿐만 아니라, 그가 대상으로 삼는 다른 사물들(대상과 다른 사물들은 동일한 것에 대한 서로 다른 표현일 뿐이다)의 존재를 다루듯, 스스로를 현전하며 살아 있는 유로 다룬다. 즉 그는 스스로를 보편적이고 자유로운 존재로 다룬다."[54]

이러한 인간 본질 개념과 연관하여 자유의 개념은 무엇을 의미하는가? 마르크스는 분명 자유를 실재 세계로부터 독립된 것으로, 다시 말해 '외재적인'(물적이고 사회적인) 영향 및 규정 들을 제외한 채로 관념론적으로 해석하기를 거부한다. 만약 우리가 자유를 모든 인간 개인들의 내적 특성들이 급진적인 의식 작용 속에서 모든 사회-역사적 한계들을 초월할 수 있게끔 해 주는 것으로, 모든 외적 규정으로부터 그를 해방시켜 줄 수 있는 합리적인 존재의 특성으로 이해한다면, 이 개념은 오직 이데올로기적 환상일 뿐이다. 일반적으로 마르크스는 자유가 인간이 지닌 실체적으로 주어진 형이상학적 질이라고 보지 않았다. 자유는 인간 존재의 고정된 사실이 아니며, 사회 발전 과정에서 계속 성장해 가는 정도에 따라 전개되는 **역사적 능력**이자 **역사적 상황**이다.

마르크스는 자유 개념이 서로 직접적으로 연결된 추상적-소극적 의미와 구체적-적극적 의미라는 이중의 의미를 갖는다고 본다. 소극적인 의미에서 자유는 **무언가로부터의 자유**이다. 그것은 현실적인 활동을 통해 사회적으로 형성된 개성 발현의 역사적인 한계 내지 규제로 전환되는 조건, 관계, 특성 들에서 스스로를 **해방시키는** 인간 능력을 의미한다. 이러한 소극적 자유의 가능성은 일반적으로 이미 인간 의식의 특성 안에 함축되어 있다. 인간은 외부 환경과 관계를 맺을 뿐만 아니라, 본인 및 본인의 생명 활동과도 관계를 맺는다. 즉 인간은 사회적인 것은 물론이고, 자신의 삶에 대한 (어떤 의미에서는, 제한적으로) 생물학적 규정도 자신의 활동 대상으로, 즉 자신이 의식적으로 영향을 미치고 변화시킬 수 있는 어떤 것으로 삼을 수 있다. "동물은 자신의 생명 활동과 직접적으로 연결되어 있으며, **생명 활동**과 구별될 수 없다. 동물은 자신의 **생명 활동**이다. 인간은 자신의 생명 활동 자체를 의지와 의식의 대상으로 삼는다. 인간은 의식적인 생명 활동이다. 그것은 인간이 직접적으로 식별해 내는 규정이 아니다. 의식적인 생명 활동은 인간을 동물의 생명 활동과 직접적으로 구별해 준다. 오직 그렇게 해야만 인간은 유적 존재가 된다. 오직 이러한 이유에서만 인간의 활동은 자유로운 활동이다."[55]

이러한 의미에서 자유는 스스로의 의식적인 활동을 통하여 본인의 본성을 지속적으로 지양해 가는 인간 능력으로 나타난다. 그러나 이 소극적으로 이해된 자유, 즉 주어진 한계들로부터 끊임없이 벗어나고 해방되려는 자유는 동시에 역사적 경향 속에서는 **적극적**인 것이기도 하다. "한계에 대한 현실적인 파괴는 동시에 생산력, 현실적 에너지, 억누를 수 없는 욕구 충족의 적극적인 발전, 즉 개인들이 가진 힘의 확장을 의미한다."[56] 자유는 적극적인 의미에서 인간이 **스스로를 획득하는**procure **역량**[57]이다. 자유는 본인의 본성 및 자연의 힘, 외적 자연에 대한 인간의 통제력, 지배력의 발전을 의미한다. 그것은 인간이 개인적으로건 집단적으로건 가질 수 있는 인간적 가능성의 범위를 확장하는 것을 의미한다. 즉 자유는 그 자체로 모든 고정된 한계를 넘어서 인간의 창조성, 인간의 본질적 힘을 형성하며 길러 내는 것이다.

그리고 전 사회의 범위에 걸쳐 이루어지는 이러한 자유의 창조와 증대를 향한 인간의 역사 발전은 이 지점에 이르면 자유로운 **인간 개인**의 형성과 일치하게 된다. 자본주의 사회의 소외된 인간, 즉 이전 시대의 **인격적** 의존이라는 제약에서 해방된 인간 일반은 '추상적'이며, 이는 또한 '우연적인' 개인을 의미한다. 즉 삶과 활동, 따라서 개인성의 발현이 비록 법적인 의미에서는 자유로울지라도, 인간은 사실상 자신에게 객관적으로, 그로부터 독립해서 '우연적인' 질로서 주어진 조건들을 작동시키는 사회적 환경들에 의해 결정된다. 인간의 삶이 그 자신의 개성을 표현해 내지 못하기 때문에, 이러한 인간은 자신이 가진 개인적 잠재성과 자유를 실현할 수 없다.[58] 공산주의는 사적 소유를 철폐하며 자연적으로 주어진 노동 분업을 철폐하고 소외를 지양하면서, 무엇보다도 정말로 자유로운 인간 발전과 개인적 삶을 위한 조건들을 창조한다. 마르크스는 공산주의를 어떤 고정된 사회 구성체나 세워지기만 하면 계속해서 재생산될 수 있는 불변하는 사회관계의 한 유형으로 생각하지 않았다. 오히려 그는 공산주의가 물적 생산, 정신적 생산은 물론이고 상호 교류 형태, 인간과 인류의 본질적인 힘들이 방해 받지 않고, 제약 없는 자기-발전을 가능케 하는, 집단적으로 조직화된 개인들의 의식적 결정을 통한 발전적인 주체를 허용하는, 현존하는 사회적 조건들의 전환을 의미한다고 보았다. 공산주의는 "주어진 조건을 재생산하거나 가장 확장시킬 목적으로 생산력을 발전시키는 데 토대를 두고 있는 새로운 생산양식이 아니라, 자유롭고 방해 받지 않으며 진보적이고 보편적인 생산력의 발전이 그 자체로 사회의 전제이고, 또 그것의 재생산이 전제되는 곳이다."[59] 인간의 본질과 존재, 사회와 개인적 발전, 대상화/객관화와 자기실현 사이의 적대를 제거함으로써 형성될 수 있는 개인의 자유가 공산주의에서 개인들이 사회적 영향이나 결정으로부터 벗어날 수 있다거나, 자연적이고 역사적인 모든 한계를 극복할 수 있다는 것을 의미하지 않는다. 그러나 이는 각각의 개인이 사회의 전체적인 발전에 따라 자신에게 제공된 (역사적으로 제한된) 객관적 가능성의 범위 안에서 스스로를 의식적으로 선택할 수 있다는 것을 의미하며, **그의 결정, 그의 욕구, 그의 능력과 흥미에 따라** 그 가능성을 삶 속에서 조화롭게 실현할 수 있다는 것을 의미한다. 그것은 역사적으로 이용할 수 있는 물적 정신적 힘. 이전 세대들이 발전시켜 놓은 대상화/객관화가 연합된 개인들의 의식적 통제에 포섭된다는 것을 의미하며, 이 힘들과 대상화/객관화는 더 이상 개인들로부터 독립적인, 외재적이고 소외된 힘으로 작용하지 않고, 진정으로 그들의 '소유/속성'이 된다는 것을 의미한다. "공산주의가 창조하는 현실은 개인에게서 독립적으로 존재하는 것 일체가 가능성을 상실하는 실제적 토대이다. 여기서 상실은 독립적인 존립이 사실상 이제까지 개인이 교류를 통해 만든 산물이기에 가능한 것이다. 그러므로 공산주의자는 현재에 이르기까지 생산과 상호작용을 통해 창조된 조건들을 자생적인 것으로 다루지는 않지만, 자신에게 제공된 물적 가능성이 기존 세대가 이미 계획했거나 혹은 사명으로 삼았던 것이라고 공상하지도 않는다. 아울러 그것을 산출한 개인에게도 이러한 조건들이 자생적인 것이라고 믿지도 않는다."[60]

주

## 서론

1　독일어 단어 'Wesen'은 '존재'being를, '개별적 실존'existent을, '본질' essence을 의미할 수도 있다. 마르크스의 'das menschliche Wesen'이라는 표현을 '인간 본질'human essence이라고 번역함으로써, 우리는 적어도 사회적이고 역사적인 삶의 영역과 연관해서, 이 주제에 대한 마르크스의 관점이 '본질'에 관한 오래된 철학적 질문에 새로운 대답을 제시한다는 확신에서 출발할 수 있다. 인간 본질을 개인들 사이에서 이루어지는 무상한 인격적 접촉에서뿐만 아니라 생산, 관습, 언어, 제도와 문화의 객관화된 체계들 내에서 실존하는 '사회관계들의 앙상블'로 정의함으로써, 그리고 이 객관화 체계와 그 체계들을 창조하고 그 체계들에 참여하는 개인들 사이의 관계를 본질적으로 역사적인 것으로 설정함으로써, 마르크스는 유명론과 플라톤적 실재론을 넘어서는 제3의 입장을 제공한다. 이는 마르크스가 부르주아 정치경제학을 논박하면서 스스로 기반으로 삼고 있는 입장이기도 하다. "스스로를 영속화하고 실재화하는 가치인 자본의 일반 형태와 연관되는 한, 사물과 이념 들을 배타적인 것으로 받아들이는 경제학자들의 견지에서 자본은 비물질적인 어떤 것으로 선언될 것이다. 그들에게 관계들은 절대로 현존하지 않는 것이다." Marx, 'Zur Kritik der Politischen Ökonomie', in *Gesamtausgabe(MEGA)*, (Berlin, 1976), Section II. Vol. 3. Part 1, p. 13. [국역《정치경제학 비판을 위하여》, 김호균 옮김, 중원문화, 1988.]

2    우리는 이러한 관점의 전형을 다음의 책에서 찾아볼 수 있다. E.
     Fromm, *Marx's Concept of Man*, (New York, 1961). [국역 《에리히 프롬,
     마르크스를 말하다》, 에리히 프롬 지음, 최재봉 옮김, 에코의 서재,
     2007.]

3    마르크스의 역사결정론 이념에 대한 포괄적인 연구는 이 에세이의
     범위를 넘어서 있다. 그러나 우리는 뒤에서 이 개념이 표준적인 해
     석으로 받아들여지고 있음에도, 기계론적인 방식으로 마르크스를
     해석한 문헌들에서 꽤나 잘못 이해되고 있다는 점을 지적할 것이다.

4    Marx: *Capital*, Vol.3, (Moscow, 1959), p. 800. [국역 《자본》 3, 여러 판본
     이 존재함.]

5    마르크스의 초기 작업(1843년, 즉 마르크스가 관념론과 단절한 이
     후의 작업)과 후기 작업 사이의 연속성을 강조함으로써, 각각의 개
     별 작업들 사이에 용어상의 차이들과 중요한 개념적 차이들이 존
     재한다는 사실을 부인하고자 하는 것은 아니다. 나는 예전에 수
     행한 작업에서 마르크스의 후기 작업에서 수정되거나 제거된 《수
     고》만의 특수한 전제들과 특징들을 분석하려 했다. 이에 대해서
     는 다음의 책을 참조하라. Markus, 'Uber die erknntnis-theoretischen
     Ansichten des jungen Marx' in A. Schmidt (ed.), *Beitrage zur marxistischen
     Erkenntnistheoria* (Frankfurt, 1969).

보편적인 자연적 존재로서의 인간

1    Marx from the 'Economic and Philosophic Manuscript' in *Writings of
     the young Marx on Philosophy and Society*, Ed. by L. D. Easton and K. H.

Guddat (Doubleday, Garden City, 1967), p. 293. [국역《경제학 철학 수고》, 강유원 옮김, 이론과 실천, 2006, 193쪽.]《수고》를 인용할 때에는 가능한 한 이 번역본(영어본)을 사용할 것이다. 그러나 이 번역은 불완전하기 때문에, 나는 어떤 곳에서는 밀리건Milligan의 번역(*Marx: The Economic and Philosophic Manuscripts of 1844*, International Publishers, New York, 1964)을 인용하기도 하였다. 또한 영어 번역본이 독일어 원전에 비해 불충분하다고 여겨질 경우, 별도의 안내 없이 다른 판본의 텍스트를 인용할 것임을 미리 밝혀 둔다.

2      *Ibid*, p. 325

3      *Ibid*.

4      Marx, *Grundrisse: Foundations of the Critique of Political Economy* (Penguin, 1973), p. 473. 다른 곳에는 또 다음과 같이 쓰여 있다. "자연이 인간의 신체가 아닌 한, 그것은 인간의 비유기적 신체이다. 인간은 자연을 통해 살아간다. 이는 인간이 죽지 않기 위하여 지각 과정에서 남겨 두어야만 하는 자신의 신체 내의 자연을 의미한다." Economic and Philosophic Manuscripts' in *Writings*, p. 293.

5      K. Axelos, *Marx, Penseur de la technique* (Minuit, Paris, 1961), p. 56.

6      Marx and Engels, "The German Ideology" in *Writings*, p. 409. [국역《독일 이데올로기 I》, 이병창 옮김, 먼빛으로, 2019. 49쪽.]

7      한편으로 우리는 마르크스의 초기 사상 발전에 포이어바흐의 자연에 대한 유물론적 존재론(일반적으로 말해서 자연철학의 문제들)이 끼친 영향이 결정적인 역할을 했다는, 이와는 정반대됨에도 더 자주 활용되는 가정을 동등하게 받아들일 수 없다. 초기 저작에서는 이러

한 관점을 구체화하는 데 전적으로 실패했다. 마르크스의 첫 번째 저작(박사 학위 논문)에는 의심할 여지없이 당시 독일 철학계에서 매우 널리 퍼져 있던 자연주의적 범신론 전통의 관념론적-유기체적 자연 개념이 나타난다. 마르크스는 모든 자연 현상의 역동적인 성격을 강조하면서도, 그 현상들을 모든 것을 포괄하는 정신의 무의식적 힘이 발현된 것이라 이해했다. 그러나 이 개념은 명확하게 파악될 수 있는 지적 충격의 단계 없이, 점진적인 발달의 과정 속에서 **역동적**이고 **유물론적**인 자연 개념으로 대체되었다. 이러한 정신의 발달은 마르크스가 신체적 활동과 정신적 활동 사이의 관계에 대한 자신의 초기 이해를 사회적 존재론의 영역에서 근본적으로 재고해 보았기 때문에 가능한 것이었다. 관념론에서부터 유물론으로 나아가는 마르크스의 지적 발전의 전 경로는 사회적-역사적 문제들에 대한 검토를 통해, 그 문제들을 이론적, 실천적으로 해결하려는 시도를 통해 지속될 수 있었다. 그리고 포이어바흐가 가지는 의의 역시 이 영역에서 찾아볼 수 있다. 포이어바흐는 한편으로는 종교 비판과 철학적 소외 비판을 통하여, 다른 한편으로는 개인과 사회 사이의 관계에 대한 헤겔주의적 개념을 자연주의의 기초 위에서 재해석하면서, 마르크스에게 풍부한 영향을 끼쳤다(감성적-자연적 개인들인 나와 너 사이의 관계라는 특성은 포이어바흐 철학에서 핵심적인 것이다).

8    Marx, 'Economic and Philosophic Manuscripts' p. 326. 인간을 '자연의 생산'으로 특징짓는 것을 참조하라. [국역 200쪽.]

9    L. Krader, *Dialectic of Civil Society* (Assen, 1976), p. 251.을 보라.

10   *Ibid.*, p. 294.

11   Marx, 'Critique of Hegel's Philosophy of State' in *MEGA*, Part. 1, Vol. 1/1, p. 526. [국역《헤겔 법철학 비판》, 강유원 옮김, 이론과 실천, 2011.)

'Economic and Philosophic Manuscripts', p. 294-295. [국역 94쪽.]

13　　마르크스는 초기의 철학적 저술들에서(수고에서뿐만 아니라,《독일
　　　이데올로기》에서도) 특별히 인간적인 삶의 활동을 보통 '노동'work,
　　　Arbeit이라 묘사한다. 그러나 그는 이를 드러내는 과정에서 '생산'이
　　　라는 용어를 활용하기도 한다. 이 두 개의 표현은 마르크스에게서
　　　동의어로 다루어진다. 그러나 마르크스는 후기의 경제학적 작업들
　　　에서 '노동'work과 '생산' 간의 명확한 개념적 차이를(이는《그룬드
　　　리세》노트 3에서 처음 소개되었다) 제시해 주었다. 이 후기 저작에
　　　서 '경제적' 의미에서의 노동(그러나 독일어 'Arbeit'는 이 맥락에서
　　　종종 영단어 'labour'로 번역된다)은《자본》1권의 유명한 부분인 5
　　　장에 기술되어 있는 것처럼, 단지 **인간과 자연 사이의** 과정을 의미할
　　　뿐이다. 그것은 자연의 어떤 실체에 대한 자연적 힘, 즉 노동력의 행
　　　위(《자본》3권 참조)인데, 왜냐하면 그것은 인위적으로 고립되어 있
　　　는 단일한 개인을 통해서도 성취될 수 있기 때문이다. 즉 'labor'로서
　　　의 노동work은 사회적 형태로부터 독립된 채로 기술을 행사하는 과
　　　정을 의미한다(노동work을 기술적 과정과 동일시하는 것은《잉여
　　　가치학설사》에 더 분명하게 진술되어 있다). 그러나 이러한 의미에
　　　서의 노동은 오직 **추상적**일 뿐이다. 아무리 그것이 임의적인 추상이
　　　아니라, 그 기술을 행사하는 과정 자체(*Grudrisse*, p. 303) 내에서 출현
　　　한 추상이라고 할지라도 말이다. 기술을 행사하는 과정은 어떠한 한
　　　정된 사회 형태 내에서만이 현실적으로 존재한다. 그리고 자연에 대
　　　한 인간의 능동적 관계는 오직 인간과 인간 사이의 관계의 매개를
　　　통해서만 실현될 수 있다. 그래서 'labor'로서의 노동work은 어떤 측
　　　면에서는 '사회-경제적 형태'의 전환 과정으로 나타나는, 즉 경제적
　　　삶 내부의 서로 다른 사회적 행위자들 사이의 한정된 생산적 관계의
　　　실현이자 변화의 과정으로 나타나는 통일되어 있으며 불가분한 과
　　　정의 일면적 측면들만을 구성한다. 통일된 과정은 마르크스의 후기
　　　경제학적 저술들에서 특수한 사회 형태에서 살아가는, 즉 그 사회

형태를 통해 형성되는 개인에게 자연에 대한 전유로 여겨진다. 초기 저작인《수고》에서 다루어진 노동에 대한 철학적-인간학적 의미는 경제학적 의미에서의 '노동'work과는 관계가 없으며, 오히려 '생산'의 의미와 맞닿아 있다. 이는 마르크스가《수고》에서 노동에 대한 철학적-인간학적 분석을 도입하는 부분에서도 이미 잘 나타나 있다. "노동은 단순히 상품만을 생산하는 것이 아니다. 그것은 또한 스스로를, 즉 상품으로서의 노동자를 생산한다.(Writings, p. 289)" 더 정확히 말해, 마르크스의 초기 철학적 수고들에서 노동(생산) 범주에 대한 표현은 그의 후기 경제학적 저술들에서는 '인간의 물적인 삶의 창조 과정', '현실적인 사회적 삶의 과정', '사회의 생산적 삶의 과정'과 같은 표현들을 통하여 묘사된다.

14    *The German Ideology* (International Publisher, New York, 1960), p. 7. [국역 49-50쪽.]

15    'Economic and Philosophic Manuscripts', pp. 294-295. 수정된 번역.

16    Marx, *Capital,* Vol. 1, (Moscow, 1968), p. 177.

17    동물을 죽이기 위해 던지는 돌과 같이, 새로운·생산 방식으로 만들어진 최초의 생산물과 함께해야만 그 생산 방식은 적합한 노동 과정으로 받아들여지기 시작한다. Marx, 'Manuscripts of 1861-63' in *MEGA*, Sect. II, Vol.3, p. 87.

18    마르크스는 이 비유를 반복해서 사용한다. 예컨대 다음을 참조하라. *Capital,* Vol. 1., p. 179, 341.

19    Marx, *Grundrisse*, p. 90.

20      *Ibid.*, p. 489.

21      *Capital*, Vol. 1, p. 177. 수정된 번역.

22      'Economic and Philosophic Manuscripts', p. 295. 수정된 번역. [국역 95
        쪽].

23      'The German Ideology', p. 417. [국역 94쪽.]

24      당연하게도 노동의 물적 생산물은 사회적 삶의 규준을 담지하고 있
        는 것으로만, 더 일반적으로 말하면 축적된 사회적 경험의 전달체
        로만 작용하지 않는다. 사회성은 그것의 가장 기본적인 형태에서조
        차, 개인들의 일상적 삶과 상호 교류를 패턴화하는 두 개의 규칙 체
        계, 즉 생산과는 다른 두 개의 대상화/객관화 체계의 현존을 전제하
        고 있다. 즉 (좁은 의미에서의) **언어**와 **관습**의 체계. 생산, 관습, 언어
        라는 대상화/객관화의 세 가지 기본 형식 간의 관계는 부분적으로
        나마 2장에서 더 논의될 것이다. 원시 시대에 구성된 생산과 일상적
        삶의 미분화된 통일에서부터 앞서 언급한 세 개의 보편적 체계의 토
        대 위에서 새롭고 더 고차원적인 대상화/객관화의 형식, 즉 문자 체
        계, 법 체계, 예술 체계, 과학 체계 등이 출현하는 과정은 역사 발전
        의 중요한 측면들 중 하나다. 이 발전 과정과 관련해서는 다음의 저
        술을 참조하라. G. Lukacs, 'Die Eigenartdes Aesthetischen', *Werke*, Vol.
        11, (Luchterhand, 1963).

25      'The German Ideology', p. 421. [국역 67쪽.]

26      *Grundrisse*, p. 494.

27      "인간적 본질이 대상적으로 전개된 부를 통해서 비로소 주체적 인

간적 감성의 풍부함이 생성되고, 음악적인 귀, 형태의 아름다움을 보는 눈, 요컨대 인간적 향유를 가능케 해 주는 감각들은 스스로를 본질적인 인간의 힘으로 확증한다." 'Economic and Philosophic Manuscripts', p. 309. [국역 136쪽.]

28    'Theories of Surplus Value', *MEW.* Vol. 26/3, p. 292.

29    "반복의 욕구를 통해, 숙달을 통해 생산의 최초 활동에서 발전되는 경향을 일으킴으로써, 소비는 [...] 생산 활동을 완수한다." *Grundrisse,* p. 93.

30    *Grundrisse,* p. 700. '자연의 단순한 힘'이 '사회적 노동의 힘'으로 전환되는 조직적 체계에는 어떠한 특징이 있는가를 마르크스가 어떻게 생각했는지는 다음을 참조하라. *MEGA.* Sect. II, Vol. 3, Part I, p. 294.

31    'Economic and Philosophic Manuscript', p. 325.

32    마르크스가 욕구want와 능력 사이의 첨예한 분할선을 결코 사용하지 않았다는 것은 마르크스의 인간 개념에서 매우 특징적인 것이다. 인간의 본성은 '욕구와 충동'의 총체이다. (*Grudrisse,* p. 245.) 그리고 이러한 현실적인 인격의 살아 있는 통일에서, '수동적' 욕구와 '능동적' 능력은 서로가 서로를 전제하며, 수동적 욕구는 능동적 능력으로 능동적 능력은 수동적 욕구로 상호 전환된다. 《수고》에서 마르크스는 '본질적인 인간 힘'이라는 이 유기적 통일을 표현하는 독특하고도 단일한 용어를 사용한다. 한편으로 인간은 능동적인 존재인데, 왜냐하면 인간은 자신의 욕구를 오직 스스로의 능력들을 발전시키고 작동시킬 때에만 충족할 수 있기 때문이다. 한편으로 이미 형성된 능력은 대자적으로 어떤 것을, 즉 특별한 활동의 욕구로 출현하는 것을 요구한다. "그의 본질적인 활동과 속성들 각각, 그리고 그의

충동들 각각은 욕구로 전환되며, 그 스스로의 발견이 그 자신 외부의 다른 사물들과 인간들에 대한 발견으로 전환되는 필연성으로 전환된다." (*MEGA*, Part 1, Vol. 3, p. 296.) 이 모든 문제는 마르크스의 후기 저작들에서도 중요한 역할을 한다. 특히 특별한 인간적 욕구로서의 노동에 대한 이론에서 그렇다.

33    *Grundrisse*, p. 527.

34    마르크스의 문헌에 대해서 충분히 오해가 발생할 수 있는 것 중 하나가 바로 노동과 욕구 사이의 관계 문제이다. 코와코프스키는《마르크스와 진리에 대한 고전적 정의: 마르크스주의적 휴머니즘을 향하여》(*Karl Marx and the Classical Definition of Truth, Toward a Maxist Humanism*, New York, 1968, pp. 42-43.)에서 "마르크스의 모든 인식론적 사유의 기본적인 출발점은 인간과 환경 사이의 관계가 인간 유와 인간 유가 욕구하는 대상 사이의 관계라는 확신이다"라고 말한다. 이 주장은 인간과 자연 사이의 관계가 가진 특수한 성격을 놓치고 있기 때문에 수용될 수 없다. 왜냐하면 이 관계의 특수성은 인간이 종적으로 매여 있는, 인간의 고정된 욕구들의 존재에서 발견되는 것이 아니라 인간의 물적 활동인 노동에서, 인간의 새로운 욕구들의 창조에서 발견되는 것이기 때문이다. 마르크스는 생산만이 인간의 현실적 인간성, 즉 자연에 대한 역사적 관계를 구성하고, **새로운 욕구를 생산하는 것**이 역사에 대한 최초의 행위라는 점을 분명하게 강조했다('The German ideology', p. 420.을 참조하라. [국역 95-96쪽.]) 이것이 바로 인간과 동물 사이의 주요한 차이를 구성하는 것이다. "물질적 삶의 다양한 형태는 물론 언제나 이전에 이미 발전된 욕구들에 의존하며, 이러한 욕구의 산출과 충족은 그 자체로 양이나 개에게서는 발견되지 않는 역사적 과정이다. 비록 양이나 개의 현재 모습조차 당연히 그것들의 의사와 무관한 역사 과정의 산물이라고 할지라도 말이다."(*Ibid.*, p.461 f. [국역 145쪽.]) 그리고 "인간은 다

136

른 모든 동물들보다 뛰어나다. 왜냐하면 그는 자신의 욕구에 얽매여 있지 않고, 그것을 확장할 수 있기 때문이다." (Marx, 'Resultate des unmittelbaren Produktionsprozesses', a manuscript-fragment from 1863-1865 in *Marx-Engels Archive*. Vol. II/VII/, Moscow, 1933, p. 234). 욕구와 소비로부터 출발하는 것은 마르크스에게서 반동적인 경제학적 사고의 조짐으로 여겨진다(German Ideology, p. 164.에 나와 있는 그륀 Grün에 대한 마르크스의 비판을 보라). 실제로 우리는 사회적 삶의 원시적이고 선사적인, 고정된 자료들에 맞추어 욕구들을 이해함으로써 모든 종류의 역사 발전을 상대주의적으로 부인하게 될 수 있다. 코와코프스키가 자신의 인식론적 탐구를 무리한 상대주의적 입장으로 연결시킨 것처럼 말이다. 즉 그는 인간의 '가시적 세계'와 파리의 '가시적 세계'가, 다시 말해 서로 다른 유형의 살아 있는 유기체들 모두가 성취해 낸 현실에 대한 서로 다른 지각적 기술들을 모두 동등한 '진리'이자 '참된 것'이라고 본다.

35  'The German Ideology', *MEGA*, Part I, Vol. 5, p. 235 f, p. 596 f. 를 참조하라.

36  *Grundrisse*, p. 92. 또한 'Economic and Philosophic Manuscripts' p. 310. 참조. 서로 다른 여러 사회에서, 그 사회의 사회적-문화적 결정 요인들에 따라 식습관과 식사 예절이 매우 다양한 형태로 나타난다는 것을 보여주는 20세기의 문화인류학은 개인적 욕구들이 갖는 사회적 성격에 대한 마르크스의 테제들이 경험적으로도 사실임을 증명한다. 비록 그 연구들이 오늘날에 이르기까지도 자주 순수 생물학처럼 다루어지고 있음에도 말이다.

37  Marx, *The Poverty of Philosophy* (Foreign Languages Publishing House, Moscow), p. 42. 수정된 번역.

38  *Grundrisse*, p. 532. 개인적 욕구와 공동체적 욕구, 소비적 욕구와 생산

적 욕구, 필수적 욕구와 사치스러운 욕구 간의 변증법에 대한 분석은 마르크스가 후기에 집필한 경제학적 저술에서 중요한 역할을 한다. 이는 마르크스가 이 변증법을 인간 역사의 가장 중요한 한 차원을 구성하는 것으로 보기 때문에 당연한 것이다. 마르크스는《그룬트리세》에서 제한적으로나마 다음과 같이 말했다. "필수적인 욕구는 자연 주체Natursubjekt로 축소된 개인 자신이다." 그러나 (자본주의에서 특히 강하게 작동하는) 역사의 발전은 "이전에는 과잉적인 것으로 나타났던 것을 필수적인 것으로 전환시킨다. 이 필수적인 것은 역사적으로 창조된 것이다. [...]" (Ibid., p. 528.) 그래서 "수공업 자체는 자신을 유지하기 위한 활동인 농업과 **함께** 필연적으로 출현하지 않는다. 방적이나 직조가 부차적인 가정의 업무로 받아들여지는 곳에서 그렇다. 그러나 만약 농업 자체가 과학적 활동들에 달려 있다면, 즉 농업이 교환을 통해 획득된 기계적이고 화학적인 비료를 필요로 하게 된다면, 먼 나라에서 나오는 씨앗을 필요로 하게 된다면, 그리고 시골의 가부장적인 매뉴팩쳐가 이미 사라졌다면, 기계를 생산하는 공장, 대외무역, 수공업 등이 농업에서도 필수적인 것으로 나타난다. 아마도 구아노(새똥으로 만든 비료)는 비단이라는 물품에 대한 수출이 이루어지기 때문에 생산될 것이다. 비단의 매뉴팩쳐는 더 이상 사치품 산업으로 나타나지 않게 되며, 농업을 위해 필수적인 산업으로 나타나게 된다. [...] 이전에는 사치품으로 나타났던 것이 이제는 필수적인 것으로 나타나는 것이다. 즉 소위 사치품에 대한 욕구가 자연적으로 가장 필수적인 것으로 나타나게 된다." (Ibid., p. 527.) 개인적-소비적 욕구와 직접적으로 사회적-생산적인 욕구들 간의 역동적인 상호관계에 대한 매우 복잡한 분석은 산업혁명의 역사적 과정에 대한 마르크스의 분석이 담긴《자본》1권 제4장에서 발견된다.

39    우리는 이를 여기서 논의할 수 없다. 그러나 적어도 **근본적인** 욕구에 대한 관념이 마르크스의 혁명 이론에서 결정적인 역할을 한다는

점을 지적해야만 한다. 이 관념은 자본주의적 생산 과정과 그 과정에 내재한 사회적 갈등이 억압 받는 생산자 계급, 즉 프롤레타리아에게 필연적으로 심어 주고 발달시키는 욕구이다. 그러나 한편으로 이 욕구는 현존하는 사회관계 체계의 틀 안에서는 충족될 수 없다. 그래서 예컨대 마르크스는 자본주의적 생산 과정 내에서 "보편성에 대한 욕구, 개인의 필수 불가결한 발전을 향한 경향이 감지되기 시작한다"('The Poverty of Philosophy', p. 144.)는 사실을 '자동화된 공장의 혁명적인 한 측면'으로 생각한다. 그러나 마르크스에 따르면 노동 기능의 '유동성'과 가변성에 대한 이러한 욕구는 '기존의 낡은 노동 분업이 가진 경직성'을 필연적으로 재생산하는 자본주의적 공장의 사회적인 노동 조직 형태에 의해 좌절되고는 한다. 바로 이러한 사실이 자본주의적 생산 과정이 가진 '절대적 모순'을 구성한다(《자본》 1권 4부 13장 § 9). '근본적' 욕구들이 가진 혁명적 중요성을 그 욕구들의 본성에 따라서, 그 욕구들의 내용을 통해서, 현존하는 사회관계의 체계를 넘어선 억압 받는 계급의 욕구의 출현을 강조하는 것은 이미 획득된 생산력과 근근이 이어지고 있는 생산관계 사이의 모순이 혁명적 상황의 궁극적 토대를 정초하며, 혁명적 계급 자체가 '거대한 생산적 힘'이라 생각한('The Poverty of Philosophy', p. 174를 보라) 마르크스의 일반적인 이론적 견지와 전적으로 일치한다. 마르크스의 이러한 이념은 발전된 여러 자본주의 국가에서 벌어지는 급진적인 운동들에서 의심할 여지없이 특정한 이론적, 실천적 중요성을 획득했다. 더 이상 '굶주림의 혁명' 같은 상황은 생산자들의 사회 집단에 만연해 있지 않다.

40 이 욕구들은 인간의 사회성 및 의식과 직접적으로 연관되어 있기 때문에 이 욕구들의 성격, 욕구들의 출현은 다음 장에서 살펴볼 '인간 본질'이 갖는 이러한 특징들(사회성 및 의식)에 대한 분석과 연관하여 다루어져야 한다.

41    'Economic and Philosophic Manuscripts', p. 304 f.

42    "[...] 자연은 인간이 그것을 사용함으로써, 그것이 가진 단순한 유용
      성을 상실한다." *Ibid.*, p. 308.

43    *Grundrisse*, p. 99. [국역 69쪽.]

44    *Ibid.*, p. 712.

45    'Economic and Philosophical Manuscripts', p. 293. [국역 92쪽.]

46    *Capital*, Vol. III, p. 857.

47    수공업 노동에는 "교환가치가 나타나지 않는다. 오히려 거기에서
      는 노동의 사용가치가 궁극적인 목적으로 나타난다", *Marx-Engels
      Archiv.*, Vol. II., p. 110.

48    *Grundrisse*, p. 422.

49    이 사회들에 "전제된 여러 개인과 공동체 사이의 (역사적이기는 하
      지만 거의 자연적으로 주어진, 그러나 전통적인 것이 된) 관계들의
      재생산은 노동 조건과 동료 노동자들, 공동체 구성원 등과 같이 개
      인들에게 이미 결정되어 있는 특수하고도 객관적인 관계의 현존과
      더불어 발전의 토대이다. 이 토대는 제약된 출발점으로 주어지지
      만, 이 장벽이 무너질 때, 쇠퇴되고 축소되기 시작한다." (*Grundrisse,*
      p. 487.) 마르크스는 전前자본주의적 구성체들의 '보수적인'(마르크스
      본인의 표현에 따르면 '부패된'putrified) 성격을 보장해 주는 사회-
      경제적 메커니즘은 체계적으로 논의하지 않았다. 오히려 그는 경제
      적 유기체들만을 간략하게 다룰 뿐이다. 그래서 그는 러시아의 미르

(mir, 러시아의 농민 자치 공동체)에서처럼, 혹은 다양한 아시아적 마을 공동체에서처럼, 공동체적 토지 소유 형태에 내재하는 균등성의 경향이 발전하는 일이 현재 주어진 단계에서 필수적으로 요청되는 효과적인 축적의 가능성을 가로막을 수 있다고 지적했다. 마르크스는 현존하는 생산 형태의 다양한 고정화된 양식들을 공동체와 도시국가의 직접적인 규제(길드 체계에서처럼)나 간접적인 수단들의 규제(마르크스가 《자본》 3권, 47장에서 논의한 바대로, 지대를 통하여 농업 생산의 효과가 경직되어 버리는 것처럼)를 통해 묘사한다. 마르크스는 엄격하게 고정되어 있는 사회 체계가 현재 주어진 사회적 노동 분업의 단계나 생산의 기본 요인들(토지, 노동이나 도구)이 사회적으로 더 확대될 수 있는 가능성을, 이것들이 더 자유롭게 유동할 수 있는 가능성을 불가능하게 하는 것으로 분석한다. ("길드라는 조건 아래에서, 예컨대 단순 화폐는 그것이 장인의 화폐이거나 길드의 화폐가 아닌 한, 그것으로는 인민의 노동을 가능하게 해 주는 베틀을 살 수 없다. 그것을 작동시킬 개인들의 수는 이미 정해져 있다. 요컨대 도구 자체는 살아 있는 노동과, 살아 있는 노동이 출현하는 영역과 한데 얽혀 있다."(*Grundrisse*, p. 505). 마르크스가 특수한 역사 조건들에서 출현하는, 즉 기존의 생산력에 대한 순간적이고 일시적인 파괴에서가 아니라 장기간에 걸친 **후퇴**와 **쇠퇴**에서 기인하는 생산관계의 유형에 대해 몇 차례 말했던 내용을 강조해야만 한다. 마르크스가 아시아적이거나 고대적인 생산양식에서 고리대금업자가 자본이 미친 영향을 다루는 것 역시 이와 맞닿아 있다. 그가 지적하듯이, 고리대금업은 생산양식을 황폐화시키고, 생산력을 마비시킨다. 생산양식과 생산력을 발전시키지 못하는 것이다. [...] 그것은 생산양식을 대체하지 못한다. 그것은 기생충과 같이 생산양식에 붙어 있을 뿐이며, 그것을 형편없는 것으로 만들 뿐이다. 고리대금업은 생산양식의 피를 빨아먹으며, 그것의 기력을 떨어뜨리고, 가련한 조건들에서 진행되는 재생산을 강요할 뿐이다.(*Capital*, Vol. III, p. 582 f.) 이러한 생산양식 개념은 제2인터내셔널에서 마르크스주의 이론

을 해석한 방식, 스탈린적 해석에서도 나타난다. 이 해석들은 생산력의 발전을 자연적 필연성의 강제력처럼 불가피하고 자율적이며 자동적인 과정으로 여기는데, 이는 마르크스가 말한 것과는 전적으로 동떨어진 것이다.

50    *Grundrisse,* pp. 540-541.

51    'Economic and Philosopic Manuscripts', p. 305 f.

52    *Ibid.,* p. 311, 304. [국역 140쪽.]

53    *Ibid.,* p. 312. [국역 141-142쪽.]

54    *Ibid.,* p. 314.

55    *Grundrisse,* p. 361.


## 사회적 의식적인 자연적 존재로서의 인간

1    Marx, 'Exerpt-Notes of 1844, Notes on J. Mill', in *Writings,* p. 271 f. 개정된 번역.

2    'The Holy Family', *MEGA.* Part I, Vol. 3, p. 295 f.

3    MEGA 판본 텍스트의 이 구절에는 'Genuss' 대신 'Geist'라고 표기되어 있다.

4    Economic and Manuscripts. In *Writings*, p. 306. [국역 131-132쪽.]

5    *Grundrisse*, pp. 495-529.

6    *Ibid.*, p. 496.

7    *Ibid.*, p. 529.

8    만약 "인간이 이미 어떤 사회 형태에 기초하고 있다고 전제한다면, 우리는 사회적 인간의 특수한 성격, 즉 그가 살았던 공동체의 특수한 성격을 출발점으로 도입해야만 한다. 왜냐하면 여기서 생산, 즉 인간이 자신의 삶을 획득하는 과정은 이미 일종의 사회적 성격을 담지하고 있는 것이기 때문이다. Marx, 'Marginal Notes on A. Wagner's Textbook', in *MEW*, Vol. 19, p. 362.

9    "따라서 이전의 생산 단계가 이후의 생산 단계에 의해 보존되는 것은 단순 생산 과정에 내재해 있는 것이다." *Grundrisse*, p. 361.

10   The Economic and Philosophic Manuscripts, p. 182. [국역 200쪽.]

11   사회적 학습으로서의 이러한 전유가 지닌 개체 발생적-심리학적 과정은 소련의 심리학자, A. N. 레온티에프가 흥미롭게 분석해 놓았다. 이에 대해서는 그의 책 *The Problems of Psychical Development* (Moscow, 1965.)를 참조하라.

12   인구로서의 "현실적인 것과 사회적인 것은 [...] 사회적 생산 행위 전체의 토대이자 주체이다. *Grundrisse*, p. 100 ff를 보라.

13   *Capital*, Vol. II, p. 42.

14      *Ibid.*, p. 385.

15      *Grundrisse*, p. 96. p. 832를 참조해 이와 비교해 보라. "[...] 이러한 분배 관계는 직접적인 생산자들과 대비되는, 생산 과정 자체 내에서 부여된 특정한 행위자들의 특수한 사회적 기능들의 토대를 구성한다. 이 분배 관계는 생산 조건에, 그들의 대표자들에게 특수한 사회적 질을 제공한다." *Capital*, Vol. III, p. 857.

16      "분배는 생산물의 분배일 수도 있지만, 그 전에 그것은 첫째, 생산 도구들의 분배이며 둘째, 이 관계의 또 다른 규정으로서 다양한 생산 종류 가운데에서 사회 구성원들의 분배(일정한 생산 관계들 아래로 개인들의 포섭)이다." *Grundrisse*, p. 96. [국역 《정치경제학 비판 요강 I》, 그린비, 2016, 66쪽.]

17      'Resultate des unmittelbaren Produktionsprozesses', *MEA*, Vol. II, p. 176.

18      인간의 초기 역사 발전 단계와 연관해서 볼 때, 마르크스는 성들 sexes 사이의, 세대들 사이의 자연적 관계의 인간화를 매우 중요한 것으로 본다. 그러나 마르크스에 따르면 그 이후에도 성적 관계는 **인간성**의 발전 정도에 대한 가장 직접적인 기준을 구성한다. "인간 존재에 대한 인간 존재의 직접적이고 자연적이며 필수적인 관계는 **남성과 여성의 관계**이다. 이러한 **자연적인** 유적-관계, 즉 인간과 자연의 관계는 그의 인간에 대한 관계다. 그의 인간에 대한 관계는 곧바로 인간의 자연에 대한 관계, 인간의 고유한 **자연적** 규정Bestimmung이다. 이 관계에서 어느 정도로 인간 본질이 인간에게 자연으로 되어 왔는지 혹은 어느 정도로 자연이 인간의 인간 본질이 되어 있는지는 **감각적으로**, 지각 가능한 사실로 환원되어 나타난다. 따라서 이 관계로부터 우리는 인류 발전의 전 단계를 판단할 수 있다." 'Economic and Philosophic Manuscripts', p. 303. [국역 126쪽.]

19 'The German Ideology', *MEGA*, Part I, Vol. 5, p. 416.

20 다수의 영향력 있는, 심지어 서로 매우 다른 경향을 갖는 오늘날의 철학적, 심리학적 이론들, 예컨대 고전적 실존주의와 프로이트주의, 브로일러의 자폐 이론, 피아제의 유아의 자기 중심성 개념 등에서 사회화라는 사실과 사회화의 과정이 이러한 방식으로 묘사된다. 이 심리학적 이론들에 대한 깊이 있는 마르크스주의적 비판은 비고츠 키의 책《생각과 말》에 담겨 있다.

21 'Toward the Critique of Hegel's Philosophy of Law: Introduction' in *Writings*, p. 250.

22 'The German Ideology', p. 461 f. 개정된 번역.

23 환경론theory of milieu으로 모든 것을 환원하려는 입장은 거스리 Guthrie에게서처럼 이제 신행동주의neobehaviorism의 인격 개념에 서 다시 출현하고 있다. 또한 이는 '사회적 역할'에 대한 통념을 사 회학적으로 다루는 시도들에도 종종 반영된다. 이 시도들은 다원성 plurality 내지는 이와 같은 역할에 의해 개인들이 개별화된다는 사 실을 명확한 방식으로든 함축적인 방식으로든 설명해 낸다. 예컨대 거스나 밀스는 '개인이 그가 수행하는 역할들의 조합으로 구성된다' 고 주장한다. (Gerth and Mills, *Character and Social Structure*, New York, 1964, p. 80.)

24 'The German Ideology', p. 427. [국역《마르크스, 엥겔스 저작 선집 I》, 박종철출판사, 2000, 215쪽.] 만약 생산력의 보편적인 발전이 세계 적 차원의 사회적 상업, 개인들에게 최초로 가능한 상호 교류를 만 들어 주는 생산력의 발전이라면, 정말로 국제적이면서도 영속적으 로 생산력의 진전을 구성하는 것은 오직 다음과 같은 경우일 뿐이

다. "한 지역에서의 생산력, 특히 발명이 이후의 발전 과정에서 사라질 것인지 말 것인지는, 전적으로 상업이 얼마나 확대되는가에 달려 있다. 인접한 지역을 넘어서는 차원의 상업이 없다면, 모든 발명은 각각의 지역에서 개별적으로 만들어져야 한다. 야만족의 침입이나 늘 일어나는 전쟁과 같은 단순한 우연 때문에 처음부터 다시 시작하지 않을 수 없게 된다. [...] 상업이 세계적 차원으로 확장되고 대공업에 기반을 두고 있을 때에만, 모든 국가들이 경쟁적 갈등으로 이끌려 갈 때에만, 획득된 생산력의 영속성이 보장될 것이다." *Ibid.*, p. 446. [국역 116쪽.]

25   *Grundisse*, p. 84. [국역 52쪽.]

26   *Ibid.*, p. 474.를 보라.

27   "첫째, 기원적으로 비-독재적인non-despotic 연쇄들, 개인성을 일면적으로만 산출해 내는 만족스럽고 안락한 집단적 유대로부터, 즉 원시적인 공동체적 유대로부터 개인성을 독립시킨다." Marx, *Ethnological Notebooks* (Assen, 1974, p. 329.)

28   'Economic and Philosophic Manuscripts', p. 294.

29   'The German Ideology', p. 422. [국역 67-68쪽.]

30   *Capital*, Vol.1, p. 178. 노동의 목적론적 구조에 대해서는 다음을 보라. Lukacs, *Zur Ontologie des gesellschaftlichen Seins: Die Arbeit*, (Neuwied-Darnstadt, 1973). [국역 《사회적 존재의 존재론 3》, 죄르지 루카치 지음, 이종철 옮김 아카넷, 2019.]

31   *Ibid.*, p. 508.

146

32    'The German Ideology', p. 414. [국역 59쪽.]

33    한편으로 마르크스는 종종 오늘날 받아들여지는 것보다 넓은 의미
      에서 '의식'Bewusstsein이라는 용어를 사용한다. 그는 의식을 '무의
      식'과 대비시키지 않으며, 그것을 '정신'mental 일반과 동일시한다.
      그래서 '의식'은 명확하고 뚜렷하게 '알려진' 것일 뿐만 아니라, 사회
      적으로 뿌리내린, 무반성적인 방식으로 받아들여진 정신적 습관과
      기질, 느낌, 그리고 전통이 물려준 '무의식적' 전제들과 믿음들의 모
      든 영역을 구성한다.

34    Ibid. [국역 59-60쪽.]

35    Ibid., p. 423. [국역 69쪽.]

36    "의식이 삶을 결정하는 것이 아니라 삶이 의식을 결정한다. 우선 출
      발점은 살아 있는 개인으로서의 의식이고, 둘째로 그것은 현실적인
      살아 있는 개인들 자신인데, 왜냐하면 개인들은 현실적인 삶 속에서
      실존하고, 의식은 오직 그들의 의식으로만 생각될 수 있기 때문이
      다." Ibid., p. 415. [국역 60쪽.]

37    "오래된 몰록Moloch 규칙은 그러하지 않은가? 델포이의 아폴로는
      그리스적 삶에서 실제적인 힘을 갖지 않았는가? 여기에서는 칸트
      의 비판조차도 무의미하다. 만약 누군가가 스스로 100달러를 가지
      고 있다고 파악한다면, 만약 이 개념이 그에게 한낱 부수적이고 주
      관적인 것이 아니라면, 그가 그것을 믿고 있다면, 100으로 파악된
      달러는 그에게서 100개의 현실적인 것과 동일한 가치를 갖는다. 그
      는 모든 인류가 자신의 신들에게 빚을 졌던 것과 마찬가지로, 자신
      의 상상력에 대해 빚을 질 것이고, 그의 상상력이 작동할 것이다."
      'The Difference Between the Democritean and Epicurean Philosophy of

Nature, Notes to the Appendix', *Writings*, p. 65. [국역 《데모크리토스와 에피쿠로스 자연철학의 차이》, 고병권 옮김, 그린비, 2001, 151쪽.]

38    *Grundrisse*, p. 225.

39    'Economic and Philosophic Manuscripts', p. 293.을 보라.

40    *Ibid.*, p.307. 개정된 번역.

41    'Theses on Feuerbach', *Writings*, p. 401. 호르크하이머는 초기에 쓴 에세이 가운데 하나에서 이 이념을 다음과 같은 방식으로 설명했다. "감각에 의해 우리에게 받아들여지는 사실은 다음과 같은 이중의 방식으로 사회적으로 형성된다. 지각된 대상의 사회적 성격을 통하여, 그리고 지각하는 기관의 사회적 성격을 통하여. 양자는 자연을 통해서뿐만 아니라, 인간 활동을 통해서도 형성된다. 개인은 지각의 경우에 자기 자신을 수용적, 수동적으로 경험한다. 그러나 인식론에서 감성과 이성의 이원론 형식을 취하는 수동성과 능동성 사이의 대립은 개인에게서 그런 것과 마찬가지의 척도로 사회에 적용되지 않는다. 이성은 스스로를 수동적, 의존적으로 경험하며, 그럼에도 감성은 무의식적인 것일지라도 능동적이고, 비본래적일지라도 주체적이다. 인간의 실존과 사회의 실존 간의 이러한 차이는 이제까지의 사회적 삶의 역사적 형식들을 특징짓는 분열의 표현이다." *Traditionelle und kritische Theorie*, (Frankfurt, 1968), p.22. [국역 "전통 이론과 비판 이론"《철학의 사회적 기능》, 막스 호르크하이머 지음, 조창섭 옮김, 전예원, 1983. 수록]

42    'Economic and Philosophic Manuscripts', p. 312.

43    마르크스에게 언어는 의식에 준비된 내용들에 부가적으로 첨부된,

즉 의식에 준비된 내용들을 소통 가능하게 만드는 외재적 형식이 아니라 오히려 개인이 특별히 인간적인, 의식적인 심적 능력들을 발전시키고 습득하기 위해 전유해야만 하는 객관화의 사회 체계, 무엇보다도 관념형성적ideatorisch이고 개념적인 사고이다. 언어 습득은 모든 심적 활동을 의식적 인간적으로 만들어 내는 재-구조화를 의미한다. "언어는 의식만큼이나 오래되었다. 그것은 타인에 대해 현존할 때, 비로소 나 자신에 대해 현존하는 실제적인 의식이다. 언어는 의식과 마찬가지로 다른 인간들과의 교류에 대한 욕구와 필요성으로부터 출현한다. [...] 따라서 의식은 처음부터 사회의 산물이며, 인간이 현존하는 한에서만 그러한 것으로 남아 있을 것이다." 'The German Ideology', p. 421. [국역 67-68쪽.] 덧붙여 다음을 참조하라. "화폐와 언어를 비교하는 것은 조금도 잘못된 것이 아니다. 언어는 관념의 특수성을 사라지게 만드는 방식으로, 관념들을 전환시키지 않는다. 관념들의 사회적 성격은 언어와 나란히, 그러나 그것과 분리된 실체로서 현존한다. 상품과 가격의 관계에서처럼 말이다. 관념들은 언어로부터 독립적으로 현존하지 않는다." *Grundrisse*, p. 162.

44    'Economic and Philosophic Manuscripts', p. 309. [국역 136-137쪽.] 다음 역시 참조하라. *Grundrisse*, p. 305.

45    'The German Ideology', p. 414. 수정된 번역. [국역 59쪽.]

46    마르크스는 이론적 사상가의 방식이 "이 세계를 예술적, 종교적, 실천적, 정신적으로 전유하는 것"과는 근본적으로 구분되게 세계를 받아들인다고 보았다. *Grundrisse*, p. 101.

47    *Grundrisse*, pp. 705-712.를 보라.

48    'Adolph Wagner's Textbook of Political Economy' *MEW*, Vol.19, p. 362.

를 참조하라. 여기에서 마르크스는 일상적 사유를 기초적으로 추상화한 것이 지닌 실천적-실용적 성격을 인식론적으로 매우 흥미롭게 다룬다.

49     'Economic and Philosophic Manuscripts', p. 310. [국역 137쪽.]

50     *Ibid.*, p. 308. [국역 134쪽.]

51     *Grundrisse*, p. 101. 이 생각은 물론 헤겔적이다.

52     앞서 언급한 '감각들의 이론화'와 연관하여 (그리고 일반적으로는 수고로부터 취한 마르크스의 인식론적 정식화를 더 잘 이해하기 위해서) 다음의 사실을 설명해야만 한다. 《수고》에서 마르크스는 후기 저작에서는 더 이상 나타나지 않는 전제로부터 출발한다. 즉 마르크스는 (소외가 극복된 이후의 개인과 사회의 직접적인 '동일성'에 대한 그의 낭만적인 개념을 따라 보자면) 소외되지 않은 사회에서 개인은 자신의 경험적 의식에서, 자신의 '감성'에서 모든 사회적 의식의 풍부성과 역사적으로 숙고되고 획득된 지식을 완전히 전유하고 실현하는 가능성을 습득한다는 것을 전제한다. 그래서 마르크스는 이 시대의 과학, 더 일반적으로 추상적인 이론적 사고는 그것의 상대적인 독립성을 상실할 것이라고 주장한다. 그것들은 인간의 활동 형식과 분리된 채로 존재하기를 그칠 것이며, 감각-직관과 사고의 통일로서 현실적인 인간적 감성의 직접적이고 (끊임없이 재출현함에도) 무상한 계기들이 된다. "감각 지각은 모든 과학의 기초가 되어야만 한다. 과학은 그것이 **감성적** 자각과 **감성적** 필요, 즉 본성 양자의 형식 속에서 감각 지각으로부터 진행될 때에만 실제적인 것이다. 역사 전체는 **감성적 자각**의 대상이 되어 가는 '인간', 감성적 욕구가 되어 가는 '인간으로서의 인간'의 욕구를 준비하는 것이다." 'Writings' p. 31.

53    J. Calvez, *La Pensee de Karl Marx*, (Paris, 1956), p. 380.

54    앞서 인용한 칼베즈의 에세이 'Karl Marx and the Classical Definition of Truth'를 보라.

55    'The Economic and Philosophic Manuscripts', p. 335.

56    *Ibid.*, p. 29. [국역 94-95쪽.] 대상에 그것의 '고유한 표준'을 적용하는 이 활동에 대한 관념을 마르크스는 《자본》에서 더 구체화했다. 마르크스는 여기에서 거대한 규모의 기계제 산업을 검토하면서 기계 생산에서는 모든 과정이 그 과정들의 인간적 작동이 가진 인간적인 독특성들과 관계없이 자연적이고, '본성적으로 고유한' 요소들로 변화된다는 것을, 그리고 자연과학의 적용을 통해 새롭고 객관적인 관계들로 이어진다는 것을 보여준다. 마르크스에 따르면 매뉴팩처에서 "한편으로 노동자는 그 과정에 적응하고, 또 한편으로 그 과정은 이미 노동자에게 적합한 것이다. 기계에 의한 생산에서 노동 분업의 주관적 원칙은 더 이상 존재하지 않는다. 여기서 과정 전체는 즉자적으로든 대자적으로든 객관적으로 검토되며, 이러한 방식의 검토 속에서 그것의 구성 단계들로 분석될 뿐이다. 어떻게 단계-과정을 실행할 것인지, 어떻게 이 다양한 단계-과정들을 전체로 결합시킬 것인지의 문제는 기계와 화학 등의 기술적 응용을 통해 해결된다." *Capital*, Vol. I, p. 380. 수정된 번역.

57    'The Economic and Philosophic Manuscripts', p. 165.


인간 본질과 역사

1     이 책의 영어 원고를 논의하면서 로렌스 크레이더Lawrence Krader

는 노동, 사회성, 의식을 동일한 수준에서 '인간 본질'의 계기들로 제시하는 이러한 정식화에 반대하는 입장을 나타냈다. 이러한 개념화에 반대하여 크레이더는 의식에 대한 노동(생산)과 사회 교류의 우선성을 강조하는 마르크스의 잘 알려진 정식을 언급한다. 마르크스는 다음과 같이 말한다. "인간은 의식을 통하여, 종교나 당신이 좋아하는 어떤 것들을 통하여 동물과 구별될 수 있다. 생존 수단을 생산하기 시작하자마자 인간들은 스스로를 동물들과 구별하기 시작한다." 그리고 "따라서 의식은 이미 사회적 생산을 시작할 때부터 있었으며, 인간이 존재하는 한 남아 있다." ('The German Ideology', p. 21, pp. 30-31.) [국역 68쪽.]) 이 책에 나타나는 이러한 관점은 또한 마르크스가 노동을 인류 발생론에서도, 이후에 발생한 인간의 역사 발전에서도(1장을 보라) 결정적인 요인으로 보았다는 사실로부터 출발한다. 그러나 이것이 우리가 노동을 시간적인 순서에서건 존재론적 실재성에서건 '우선적'인 것으로 특징지을 수 있고 의식을 '이차적'인 것으로 특징지을 수 있다는 것을 의미하는 것은 아니다. 나는 다음과 같은 말을 남긴 카를 코르쉬의 해석에 동의한다. "추상적-자연주의적인 방식이 아니라 오히려 변증법적인, 즉 마르크스-엥겔스적 유물론의 유일하게 과학적인 방법에 따르면, 선-과학적이거나 과학 외적인 것들은 더 이상 자연에 대한 과학적 의식, 특히 역사적-사회적 세계에 대한 과학적 의식과 마찬가지로 이 세계에 대하여 자율적으로 대립하지 않으며, 그것이 정신적으로 관념적인 것이라 할지라도 이 세계, 이 자연적이고 역사적-사회적인 세계의 현실적이고 실제적인 구성 요소들 사이에 있을 것이다. [...] 경제적 표상들도 부르주아 사회의 물적 생산관계의 현실성을 고수하고 있다. 묘사된 대상과 그림의 관계에서 명백히 나타나는 것처럼, 생산관계들은 표상들과 관계를 맺고 있는 것이다. 특수하고, 종별적인 전체의 부분들이 하나의 동일한 전체의 각기 다른 부분들인 것처럼 말이다." *Marxismus und Philosophie,* (Frankfurt, 1976), pp. 131-135. [국역《마르크시즘과 철학》, 카를 코르쉬 지음, 송병헌 옮김, 학민사, 1986.] 의식에 대한 사회적 삶과 최초 형태를 취하는 조직의 동시적인 출현 없이도 상상해 볼 수 있는 생산 활동을 통해서는 인간 유가 발생하지는 않으며, 모든 종류의 물적-생산 활동도 **의식적으로, 지향적으로** 활동하는 인간 주체들 없이는 출현할 수 없다. 내 생각에 이는 분명 마르크스 본인이 강조한 것이다. 《자본》1장에서 나타나는 노동에 대한 유명한 정의는 특히나 노동의 의식적이고 목적적인 성격을 강조하고 있다. 그것은 인간의 물적 활동을 동물의 활동과 구별해 주는 특징인 것이다("가장 훌륭한 벌과 최악의 건축가"의 차이). 다른 곳에서 마르크스는 더 단호하게 다음과 같이 말하기도 한다. "우리는 **가치**가 인간들이 노동work, Arbeiten을 동등한 것, 일반적인 것, 형식적으로 사회적 노동 형태labor, Arbeit와 연계시킨다는 것에 기초해 있다는 사실을 살펴보았다. 이는 하나의 추상이며, 모든 인간적 사고와 사회관계는 오직 인간들 사이에서만 가능하다. 인간들이 감각적 개인성에서부터 이러한 추상 능력을 생각하고 소유하는 한에서 말이다." *MEGA*, Sect, II, Vol. 3, p. 210. 따라서 노동, 사회, 의식은 사회적 삶의 전체 역사 형식에서 서로가 필수적인, 서로가 없어서는 안 되는 구성 요소이자 특성이다. 노동, 사회, 의식은 이러한 의미에서 모두 동일하게 인간 본질의 계기이다. 설령 이것들이 역사적 변화를 이론적으로 설명하는 과정에서 쓰이는 '의미'만큼은 서로 동일하지 않더라도 그렇다. 마르크스의 유물론은 무엇보다도 **실천적인** 것이기 때문에, 그것은 '물질'과 '정신' 일반의 관계와 관계된 형이상학적 고찰에 의존하지 않으며, 이 사회의 물적 삶의 조건들을 변화시키지 않고서는, 그럼으로써 개인들의 물적-생산 활동의 성격을 변화시키지 않고서는 현존하는 사회적 현실을 근본적으로 변화시킬 수 없다는 역사적-실천적 전제에 의거한다.

2   M. Fritzhand, 'Human essence in Marx's Thought', *Czlowiek, Humanizm, Moralnosc*, (Warsaw, 1961), p. 102. 에리히 프롬의 연구 《마르크스의 인간 개념》도 이와 기본적으로 비슷한 입장을 취한다. 실제로 프롬은

'인간 본질'의 역사적 성격을 강조한다. 그러나 그는 역사성을 단순히 인간 존재라는 바로 그 사실에 의해 정초되고 주어지는, 즉 선재하는pre-existent 잠재성이 **변경**되고 **전개**된 것으로 이해한다. 이러한 접근은 특이한 것이 아니다. 이와 비슷한 관점은 이론적인 차원에서 인간 역사성의 인류학적 의미를 설명하려 시도하는 대다수의 부르주아적인 철학적 인류학에서 발견된다. 따라서 프롬 식의 인류학적 사고는 인간 본성 문제에 대해 그것이 갖는 독특성에도 불구하고, 딜타이와 듀이 같은 철학자들의 대답에서 발견되는 것과 기본적으로 동일하다. 프롬은 다음과 같이 말한다. "마르크스에 따르면 인간의 잠재성은 이미 정해진 잠재성이다. 인간은 말하자면 변화될 수 없는 인간적 원자재이다. 뇌의 구조가 역사의 여명기 이래로 동일하게 남아 있었던 것처럼 말이다." *Marx's Concept of Man*, p. 26. 그리고 결론에서 프롬은 이 개념을 넘어서 나아간다. 예컨대 그는 이제 계몽 정신에 입각하여, 영속적인 욕구들과 역사적으로 변화하는 욕구들 사이의 마르크스적 구분을 참된 욕구들과 거짓된 욕구들 사이의 대립으로, '인간 본성에 기원을 둔 현실적 욕구들'과 '인간의 종합적, 인공적으로 생산된 욕구들' 사이의 대립으로 변형시킨다. 그는 참된 인간적 욕구들의 승인과 실현 속에서 사회주의의 원칙적인 목표를 정의한다.

3    M. Fritzhand, *Ibid.*, p. 103. 그러나 저자가 이 글을 시작하면서 다음과 같은 흥미로운 관찰을 적어 둔 것에 대해 언급해야만 한다. "마르크스가 인간 개인 모두가 예외 없이 속해 있는 '인간 본질'이라는 용어로 매우 자주 언급한 특성들의 총체를 고수하는 입장을 옹호했을 것이라고는 생각하지 않는다. 오히려 이 특성들의 총체는 '인간 유'에 속해 있다. 즉 그것은 동물의 '유적 실존'과 비교되는 것으로 인간의 '유적 실존'을 특징짓는다. 그것은 오로지 인간 사회에서만 나타나는, 그럼에도 모든 사회구성체에서 예외 없이 나타나는 총체성이다. (*op. cit.*, p. 75.) 그러나 이러한 주장은 불명료한 채, 덜 발전된 형태로

남아 있다. 실제로 그것은 차후에 이루어지는 분석을 무시하고 있을 뿐만 아니라 그 분석과 모순되는 것이기도 하다.

4    'Economic and Philosophic Manuscripts', p. 295. 수정된 번역. [국역 93 쪽.]

5    'Theses on Feuerbach', p. 402. 수정된 번역.

6    마르크스에게 '인간 본질'과 '인간 본성'은 결코 동일한 개념이 아니다. '인간 본질'의 관념은 우리가 현재 분석하고 있는 주제를 구성한다. '인간 본성'에서처럼 이 용어도 종종 '본질적인 힘', 즉 **특정한** 어떤 역사적 시대의 **전형적인** 개인들의 특성들과 잠재력을 나타낸다. '인간 본성'이 어떤 영속적인 요소들을 포함할지라도 역사적으로 가변적인 것처럼, 마르크스는 분명 인간 발전에서 역사적으로 변치 않는 인간적 특성들, 욕구들 등의 존재를 받아들였다. *Capital,* Vol. I, p. 609. note 2. 마르크스가 " [...] 역사 전체는 인간 본성의 연속적인 전환 외에는 아무 것도 아니다" The Poverty of Philosophy, p. 147.라고 말한 것은 이러한 의미이다.

7    'Economic and Philosophic Manuscripts', p. 303.을 보라. [국역 126-127 쪽.]

8    *Ibid.,* p. 304. [국역 127쪽.]

9    'Excerpt-Notes of 1844. Notes on J. Mill', p. 281. *Grundrisse,* p. 693.의 "활동에 대한 단순 추상"과 비교해 보라.

10   예컨대 'The Economic and Philosophic Manuscripts', p. 71 f.를 보라. [국역 108쪽.]

11    German Ideology, p. 49. [국역 155쪽.]를 보라. 또한 "공산주의 혁명은
      [...] 노동을 폐지한다.Die Arbeit besekigt", Ibid., p. 69. 마르크스는 또
      한 이 '추상 노동'이 "해롭고 치명적" 'The Economic and Philosophic
      Manuscripts', p. 71. [국역 124쪽.]이라고 진술한다. 헤르베르트 마
      르쿠제가 적절하게 지적한 것처럼, 마르크스는 모든 곳에서 노동
      labour이라는 용어를 다음과 같은 맥락에서 사용한다. "자본주의는
      결국 노동을 실제적으로 이해하며, 그것은 상품 생산에서 잉여가치
      를 창조하는 활동, '자본을 생산하는' 활동이 된다. [...] 따라서 이러
      한 노동은 자유롭고 보편적으로 발전하는 노동하는 개인을 부인하
      며, 이러한 상태에서 개인의 해방이란 노동의 부정임이 분명하다."
      Marcuse, *Reason and Revolution*, 1941, p. 293. [국역 《이성과 혁명》, 헤르
      베르트 마르쿠제 지음, 김현일 옮김, 중원문화사, 2017.]

12    'Excerpt-Notes of 1844. Notes on J. Mill', p. 272.

13    뒤에서 다룰 것이기는 하지만, 우리는 여기서 통일된 발전 과정이라
      할 수 있는 이러한 마르크스의 역사에 대한 관점('인간 본질'에 대한
      관념에서 표현되고 묘사된 관점)이 순수 기술적인 추상화, 가치 중
      립적인value-free 추상화, 경험적으로 확인할 수 있는 역사적 사실만
      으로 '추론'될 수 있는 '설명'으로 파악될 수 없다는 것을 미리 지적
      해야만 한다. 이 역사 개념은 한정된 **관점perspective**에 대한 동의(즉
      이 관점에 따라 프롤레타리아의 근본적 욕구들의 방향을 확인시켜
      주는 명확한, 현재 존재하는 사회적 욕구들에 대한 확증에 대한 동
      의)를, 그리고 이 관점으로부터 출현하고 이 관점에 의해 결정되는
      가치의 선택에 대한 동의를 전제한다. '인간 본질' 개념은 정확히 이
      러한 가치들을 설명하고 규명해 주는 동시에 현실적인 인간 조건에
      대한 분석을 통해 그 가치들이 실현될 수 있는 방향을 제시해 준다.
      이 개념은 우리에게 현재 주어진 갈등과 대안들로부터 출발하여 바
      람직하며 실현 가능한 역사적 관점을 선택하게끔 만드는 연속적인

발전 과정으로 인간 본질 개념을 파악하게끔 함으로써 경험적인 역사 자료들을 질서 짓는 방법을 제공한다. 이러한 방식으로 그것은 우리의 기본적인 사회적-실천적 결정에 대한 '이론적 합리화'를 시도한다. 그러나 이러한 합리화는 '오직' 우리의 실천적 결정의 역사적 '의미'와 결과들을 판독하는 것을 의미할 뿐이다. 그것은 결코 독립적으로, 확고하게 확립된 '사실들'로부터 역사적 의미와 결과들을 연역하는 방식으로 우리의 가치 선택을 '정당화'할 수 없다. 그것은 아마도 역사에 대한 철학적-이론적 도식, 역사에 대한 '패러다임적' paradigmatic 관점을 통해서 합리적인 실천적 설득의 행위로 여겨질 수 있을 것이다. 물론 이 **이론적 설명 도식**, 이 질서화는 경험적 자료들의 토대 위에서 이루어져야만 하며, 그것들에 토대를 두고 있을 때에만 허용되어야 한다. 그것은 이론적 사고와 과학의 내재적인 기준에 따라 평가될 수 있고, 평가되어야만 한다. 그러나 이 기준은 다른 '관점들', 다른 실천적-역사적 관점들에서부터 다른 (그것들 중에는 적대적인 것들도 있다) 사회적 욕구들과 이익들과 연관된 '대안들'에서부터 출발한 역사, 인간, 사회에 대한 다른 해석과 개념을 마주할 수 있다. 그러므로 마르크스의 '인간 본질' 개념은 필연적으로 **실천적인 선택**의 계기를 전제하며, 그 계기를 둘러싸고 있다. 즉 현재의 사회적 갈등에서의 결정의 계기, 현재적으로 주어진 사회적 가능성들 사이에서의 결정의 계기를 말이다. 인간 본질 개념은 그 이론적 내용 안에 현존 상태를 근본적으로 변혁하는 **실천**, 즉 **혁명적** 실천의 계기를 포함한다.

14    'The German Ideology', p. 461 f. [국역 145쪽.]

15    'Economic and Philosophic Manuscripts', p. 314. [국역 140쪽.]을 보라. 덧붙여 "헤겔의 《정신현상학》과 그 책의 최종 결과, 즉 운동하고 있는 원리, 형성 중인 원리로서의 부정의 변증법이 위대한 것은 헤겔이 하나의 과정으로서 인간의 자기-형성, 대상의 상실인 대상화, 그

리고 이러한 소외의 지양을 파악하고 있었다는 점이다. 이로써 헤겔은 노동의 본성을 파악했으며, 대상적 인간, 그의 노동 결과로서 본래적인 것, 실제적인 것을 파악했다." *Ibid.*, p. 321. 이를 헤겔 본인의 말과 비교해 보자. "정신으로서의 인간은 즉각적/비매개적이지 않으며, 본질적으로 자기 자신으로 되돌아가는 무언가이다. 이 매개의 운동은 정신의 본질적인 계기이다. 그것의 활동은 즉각성/비매개성을 넘어서 나아가며, 즉 즉각성/비매개성의 부정이며, 따라서 그 자신에게로 되돌아온다. 따라서 정신은 그것의 활동을 통해 스스로를 형성하는 것이다. 오직 자기 자신에게로 되돌아오는 것만이 주체적이고 실제적인 현실이다. 정신은 오직 그 자신의 결과로서만 현존한다." *Die Vernunft in der Geschichte*, p. 57.

16    마르크스의 '인류학'에 대한 이러한 해석은 분명히 안토니오 그람시가 크로체를 해설하면서 고찰한 '인간 본성' 개념(우리의 해석의 토대를 구성하는 마르크스 초기 저작들에 의거하지 않은 채로 산출된 관점)과 상당 부분 일치한다. 그람시에 따르면 "인간이란 무엇인가?"라는 질문, 즉 철학의 가장 우선적이고도 근본적인 질문에 대한 대답은 '단일한 인간 개인'에게서 발견될 수 없다. 왜냐하면 이 질문은 '추상적이거나 객관적인 것'이 아니기 때문이다. 이 질문을 제기함으로써, 우리는 실제로 무엇이 인간**일 수 있는지**, 즉 그가 **현재** 무엇일 수 있는지, 그가 스스로의 운명과 그 자신의 삶을 제어할 수 있는지를 발견하고자 한다. 인간이란 무엇인가라는 질문 그 자체에 이미 함축된 인간의 통일성은 인간의 생물학적('물질적') 본성의 동일성에서도, '사고'나 '정신'의 동일성에서도 발견될 수 없다. 이 통일성은 역사 이전에 **주어진** 무언가가 아니라, 통일의 실제적이고도 능동적인 과정, 미완성된, 계속 진행 중인 과정이라 할 수 있는 역사 **속에서 만들어진** 것이다. 이러한 전제로부터 출발하는 그람시는 모든 철학의 실천적-'유토피아적'utopical 성격과 '실천철학'으로서의 마르크스의 인간론이 가진 혁명적 성격을 밝혀낸다. 이 모든 주제들

158

에 대해서는 특히 다음을 참조하라. Gramsci, *Selections from the Prison Notebooks*, (London, 1971), p. 351. [국역《그람시의 옥중수고》, 이상훈 옮김, 거름, 1999.]

17 예컨대 루돌프 마타이Rudolf Matthai에 대한 마르크스의 비판을 보라. "이 저자에게 사회, '삶의 총체성'Gesamtleben은 '개인적 삶들'을 구성하는 요소들 간의 상호작용으로 파악되지 않고, 이 '개인적 삶들'과 분리된, 그 삶과 또 다른 상호작용을 겪어 내는 분리된 실존으로 파악된다. 만약 현실적 사건들 모두가 이러한 방식으로 파악된다면, 그것은 사적인 삶과 대립되는 상태의 독립성에 대한 환상, 이 명백한 독립성을 절대적인 무언가로 여기는 믿음에 대한 환상일 뿐이다." The German Ideology, p. 107.

18 "개인은 항상 이데올로그들이 말하는 '순수' 개인이 아니라, 주어진 역사적 조건과 관계 속에서 출발한다." 'The German Ideology', *Writings*, p. 458. [국역 152쪽.]

19 *Grundrisse*, p. 265. 이는 알튀세르의 '구조주의적' 마르크스주의 해석이 토대를 두는 마르크스 본인의 진술 중 하나이다. 그리고 우리가 '단순한 인간 관계'를 개인들 사이의 사적인 접촉으로 본다면, 사회관계, '생산 관계'를 '단순한 인간 관계'로 볼 수 없다는 알튀세르의 주장에도 동의할 수 있다. cf. *Lire le Capital*. Vol. II, Paris, 1965, p. 102. 이러한 의미에서 마르크스는 다음과 같이 쓴다. "이 관계는 개인들과 개인의 관계가 아니다. 오히려 그것은 자본가와 노동자의 관계이며, 지주와 소작인의 관계 등등이다." 'The Poverty of Philosophy', *MEW*, Vol. 4, p. 123. 게다가 사회관계는 객관화되고 제도화되며, 마르크스가 말한 것처럼 사회관계는 이러한 형태로 '살아 있는 통일체'를 구성하거나 혹자들이 선호하는 말처럼 '구조'를 구성한다. 이러한 의미에서 사회관계는 객관적이고 단순화할 수 없는 형태로 존

재한다. 그리고 개인들이 현실적 실존의 객관화된, 객관적인 조건들을 덜 통제할수록, 이 조건들은 그 조건을 넘어설 수 있는 더더욱 자율적인 힘이 되고, 개인들은 사회적 삶과 역사의 현실적 주체로서 나타나게 된다. 오직 마르크스에게서만 이것이 사회 발전의 정해진 유형(예컨대 소외)을 특징짓는 **역사적** 사실이며, 실천을 통하여 **부정**되어야 하는, 극복해야만 하는 사실이 된다. 한편 알튀세르에게 이것은 과학과 이론적 실천을 통해서만이 창립되고 나타날 수 있는 모든 역사("저자 없는 극장", cf. Ibid., p. 177)의 숨겨진 진실이다. 그리고 이 조건과 관계의 소외된 성격을 폐지할 가능성, 적어도 그것의 추상적 가능성은 마르크스에게서는 (사회관계를 직접적으로 관계를 맺고 있는 개인들로 축소시키는) 이 소외가 **총체적인 것이 될 수 없다는** 사실에, 그러면서도 '생산력과 사회관계'는 사회적 개인 발전의 서로 다른 두 측면들을 결국에는 언제나 유지한다는 사실에 기인한다. 소외를 폐지할 가능성은 사회적 개인들의 **주체성**을 절대로 폐기하지 않으며, 그 개인들을 정해진 생산 관계 체계 내의 단순한 '지위'나 '기능'으로 환원하지도 않는다. (이 주장을 알튀세르와 비교해 보라. Ibid., p. 156 ff.)

20    이것이 마르크스가 고대 그리스에 부여했던 역사적 역할('인간의 평범한 유아기')을 이해하는 핵심일 수 있다. 짧은 그리스적 역사 발전기에는 개인들의 삶과 활동 속에서 비교적 자유롭고 조화로운 방식으로 그 사회 전체에 의해 역사적으로 창조된 인간의 힘과 사회적, 문화적 능력을 구체화할 수 있는 한정된, 그러나 상대적으로 규모가 큰 개인들의 그룹('자유로운 시민들')이 형성될 잠재력이 있었다. Grundrisse, p. 110.을 보라. 유사한 역사적 현상이 엥겔스의 잘 알려진 르네상스에 대한 묘사에도 나타난다. (엥겔스의 《자연의 변증법》을 보라).

21    The German Ideology, p. 24. [국역 75쪽.] 이를 다음과 비교해 보라.

*Grundrisse*, p. 197.

22   '[...] 전유의 두드러진 형식인 소외는 [부의 주요한 구성 단위인 상품
     과 마찬가지로] 부르주아적인 생산기에만 특징적인 것이다.' Marx,
     *A Contribution to the Critique of Political Economy* (Moscow, 1970), p. 58.

23   'Theories of Surplus Value', *MEW*, Vol. 26/3, p. 270 and p. 273 f.

24   *Grundrisse*, p. 585. 더 자세히 다루어 보면 다음과 같다. "따라서 모든
     노동력은 자본의 힘으로 바뀐다. 즉 노동의 생산력은 (노동에 외재
     적인 것으로 상정되는, 즉 노동과 독립적으로 현존하는 것으로 상정
     되는) 물적sachlich으로 고정된 자본으로 바뀐다. 그리고 자본 순환
     과정에서 노동자들 스스로가 자신의 노동을 반복하는 조건들을 창
     조한다는 사실, 노동의 교환, 즉 자신의 노동이 다른 이들과 협업하
     여 이루어지는 노동에 의해 매개된다는 사실은 자본이 노동자를 진
     전시키고 노동의 다양한 부문들의 동시성을 상정하면서 드러난다.
     [...] 자본은 자본의 순환 형식 속에서 스스로를 다른 노동자들 사이
     의 매개자로 상정한다." *Ibid.*, p. 701. 그리고 "대상화된 노동에 의한
     살아 있는 노동의 전유, 다시 말해 자본의 관념 안에 놓인 대자적으
     로 현존하는 가치를 통해 가치를 창조하는 힘과 활동의 전유는 기계
     에 의존한 생산 과정에서 그것의 물적 요소들과 물적 운동들을 포괄
     하는 생산 과정 자체의 특성으로 받아들여진다. 생산 과정은 노동에
     의해, 즉 그것을 통제하는 통일성인 활동에 의해 지도되는 과정이라
     는 의미를 갖는 노동 과정을 중단시킨다. 노동은 단순히 기계적 체
     계 속에서 수많은 점들처럼, 살아 있는 개별 노동자들에게 분산되어
     버린 의식을 가진 기관으로 나타난다. 기계 자체의 총체적 과정에
     포함된, 시스템의 연결고리로서만 말이다. 노동의 통일성은 살아 있
     는 노동자들에게서 현존하지 않으며, 오히려 그의 개인적이고 사소
     한 행동들을 거대한 유기체로 만들어 내는 살아 있는(능동적인) 기

계의 총체적 과정 속에 현존한다. 기계 속에서 대상화된 노동은 노동 과정 자체 내에서 그것을 지배하는 힘으로써, 즉 살아 있는 노동의 전유인 자본의 형태가 된 힘으로써 살아 있는 노동을 마주한다. [...] 따라서 지식의 축적과 기술의 축적, 사회적인 두뇌의 일반적인 생산력의 축적은 노동과 대립하는 것이라 할 수 있는 자본으로 흡수되고, 이로써 자본의 속성으로, 더 구체적으로는 **고정된 자본**의 속성으로 나타난다. 그것이 생산수단으로 생산 과정 안에 도입되는 한에서 말이다." *Ibid.*, pp. 693 f.

25    "게다가 임금-노동자들의 협업은 전적으로 그들을 고용한 자본에 의해 가능해진다. 임금 노동자들의 기능적 연결, 그들의 단일한 생산 체제로의 통합은 노동자들 외부에서, 그들을 함께 모이게끔 만들어 낸 자본에서 이루어진다. 따라서 노동자들의 노동이 서로 연결되는 것은 관념적으로는 자본가의 계획을 통해서, 실천적으로는 자본가의 권위를 통해서, 즉 노동자들의 활동을 자본가의 목표에 종속시키는 노동자에게 외재적인 의지의 힘을 통해서이다." *Capital*, Vol. I, p. 331. 《자본》에서 소외에 대한 다른 표현들은 다음을 참조하라. *Capital*, pp. 310, 360 ff, 435, etc.

26    'The Holy Family', *Writings*, p. 367. 동일한 개념이 《자본》 1권 최종본 직전에 쓰인, 자본주의 사회에 대한 비판적 분석 결과를 개략적으로 다룬 마르크스의 수고에서 더 성숙한 형태로 재등장한다. "현실적으로 노동자에 대한 자본가의 지배는 **노동자** 자신을 넘어서서 노동자의 자율성이 되는 **노동 조건**에 대한 지배와 다름없다(이 조건은 생산 과정의 객관적인 선재 조건, 즉 생산수단 외에도 노동력의 지속과 효율성의 객관적인 선재 조건도 포함한다. 즉 생명을 지속시키는 수단은 이 조건에 포함된다). [...] 자본가에 의해 성취된 그 **기능들은** 오직 **의지** 및 **의식**과 함께 실천되는, 자본의 기능일 뿐이다. 즉 살아 있는 노동을 착취함으로써 그 가치를 증가시키는 가치의 기능

일 뿐이다. 노동자처럼 **의인화된** 자본일 뿐인 자본주의적 기능들, 하나의 인격으로서의 자본은 오직 의인화된 **노동**일 뿐이다. 그러나 자본가에게 노동은 부를 창조하고 증대시키는 실체에 귀속된다. 현실적으로 노동은 살아 있는, 변화하는 요인의 성격을 갖는 것으로 생산 과정에서 자본에 통합되는 요소로 나타난다. 그러므로 노동자에 대한 자본가의 지배는 인간에 대한 사물의 지배이며, 살아 있는 노동에 대한 죽은 노동의 지배이고, 생산자에 대한 생산물의 지배이다. 왜냐하면 실제로 노동자에 대한 지배의 수단이 되는 상품은(비록 그것이 자본의 지배 수단일 뿐이라고 할지라도) 단순히 생산 과정의 결과일 뿐이고, 그 과정의 생산물일 뿐이기 때문이다. 그 관계는 정확히 물적 생산과 현실적인 사회적 삶의 과정, 즉 생산 과정과 **동일한** 것이다. **종교**에서 이데올로기적 수준으로 발현되는 것처럼 말이다. 그 관계는 주체가 대상으로 **거꾸로** 전도된 것이다. 역사적으로 검토해 보면, 이 전도는 부 일반을 창조해 내는 데 필수적인 이행 지점을 나타내며, 대다수를 희생시켜 사회적 노동이 갖는 무자비한 생산력을 창조하는 것이다. 오직 이러한 방식으로만 자유로운 인간 사회의 물적 기반이 창조될 수 있다. 인간이 자신이 지닌 정신적 힘들을 소외된 힘, 독립적인 힘의 형식에서 우선은 종교적으로 발전시키는 것처럼, 이 모순적인 단계를 거쳐야만 한다. 이는 단적으로 스스로의 노동에 대한 **소외**의 과정이다. 동시에 노동자는 이러한 맥락에서 처음부터 자본가보다 우세한 위치에 있다. 자본가는 이 소외의 과정에 뿌리를 두고 있으며, 이 소외의 과정에 전적으로 만족하고 있기 때문이다. 한편 노동자, 즉 소외 과정의 희생자는 그 과정과는 반란자로서 관계를 맺으며, 그 과정을 노예화의 과정으로 경험한다." 'Resultate des unmittelbaren Produktionsprozesses', *MEA*, Vol. II, p. 32 ff. 마르크스가 후기 저작들에서 소외의 개념과 소외 이론을 폐기했는지와 관련한 문제는 지금까지도 논쟁이 되고 있다. 따라서 우리는 마르크스가 쓴 모든 저술 중에서도 드물게 논의되는, 분명히 초기 저작이라고는 할 수 없는 이 1863-1865년 수고에서 Mystifikation des Kapitals etc(*op. cit.*, pp. 152-166.)라는 챕터가 소외에 대한 가장 세밀한 논의와 분석 중 하나를 함유하고 있다는 점을 지적해야만 할 것이다. 우리는 또한 이 챕터가 (마르크스가 후에 《자본》 1권에서 **미완성된** 3권으로 나아가면서 다룬) 독특한 형태의 자본주의적 **생산관계**의 생산과 재생산으로 자본주의적 생산을 다루는 이 수고의 주요한 부분으로 곧바로 이어진다는 점을 덧붙일 수 있다.

27   마르크스의 역사와 사회 이론을 충분히 이해하기 위한 가장 중요하고도 실제적인 선재 조건 중 하나는 노동 분업에 대한 마르크스의 이론을 다방면에서 분석하고 재구성하는 것이다. 마르크스는 후기에 나온 경제학에 대한 수고들에서조차 노동 분업을 "정치경제학의 모든 범주들의 범주" *MEGA*, Section II, Vol. 3, Part I, p. 242.로 본다. 우리의 주제와 관련해서는 다음을 언급해 두어야만 한다. 가장 일반적이고 추상적인 의미에서 노동 분업은 주어진 인구의 모든 구성원들 사이에서 이루어지는 사회적 노동이라는 큰 덩어리의 부분들을 배분하는 방식을 의미한다. 생산의 모든 역사적 형식에서 필연적으로 나타나는 배분의 방식 말이다. 왜냐하면 노동 분업은 노동이 이루어지는 사회적 성격에 의해 상정된 것이며, 조건 지어진 것이기 때문이다. 그러나 이 노동의 '배분'은 좁은 의미에서의 **노동 분업**일 뿐이며, 사회적 노동 전체가 서로 "**다른** 종류의 노동의 공존" 'Theories of Surplus Value', *MEW*, Vol. 26/3, p. 266.으로 받아들여질 때에만, 즉 다른 욕구들의 충족을 지향하는 활동 형식들이 **사회적으로 구별될** 때에만, 개인들이 사회적 메커니즘에 따라 배치되는 와중에 **사회적으로 분류된** '직업들'로 그 활동 형식들이 전환될 때에만, 다시 말해 생산이 분과별로 나누어지면서 이루어지는 개인들의 배치가 그들의 자연적 차이(나이나 성 등의 소위 '**자연적인**' 노동 분업 혹은 '**생리학적**' 노동 분업)에 따라서가 아니라 그들의 사회적 특성에 따라 조정될 때에만 사회적 분업 혹은 사회적 노동이 된다. 따라서 사회적 **노동 분업**은 생산력의 특정한 발전 단계에서만 출현하며, 그것이 출현하

164

는 역사적 계기로부터만 출현한다. "생산 활동의 서로 다른 모든 유형들의 총체로서의 노동 분업은 **물적** 차원에서 **사용가치**를 생산하는 노동으로서의 사회적 노동의 총체적 배치일 뿐이다." *Contributions to the Critique of Political Economy*, p. 51. 이처럼 사회적으로 계획된, 사회적으로 통제된, 다양한 생산 기능들에 적절하게 배분된 배치 형식에서, 사회적 노동 분업은 당연히 공산주의 사회에서도 보존될 것이다. 마르크스가 부르주아 경제학을 비판한 것처럼, "노동 분업은 그것의 조건들이 연합하는 노동자들에게 귀속된다면 가능하지 않다(비록 역사적으로 그것이 자본주의적 형태 속에서 처음 출현한 것이 아닐지라도, 그것은 자본주의적 생산의 결과로서만 성취될 수 있다). 만약 노동자들이 그 조건들을 자신이 생산한 생산물이자 자기 활동의 물적 요소들로 받아들이지 못한다면, 노동자들은 노동 분업을 스스로의 본성/자연에 따르는 것으로만 받아들일 수 있다." 'Theories of Surplus Value', *MEW*, Vol. 26/3, p. 271. 역사 이전 시기에 사회적 노동 분업은 **자연적으로 주어진 노동 분업**의 형식으로 출현했으며 그 형식으로 실존했다(특히 초기 저작에서 마르크스는 종종 '자연적'인 것과 '자연적으로 주어진' 노동 분업 사이를 용어상으로 구별하지 않는다. 양자 모두를 자연적인 것이라고 부른다). 자연적으로 주어진 노동 분업의 주요한 특성은 다음과 같다. a) 어떤 특별한 생산 부문으로 개인들을 배치하는 것은 그들의 개인적인 재능과 이익들, 특성들 일반과 독립적으로 출현하며, 개인들이 본질적으로 영향을 미칠 수 없는 익명적인 사회적 강제력(그들의 사회적 '지위')에 의해 결정된다. b) 사회적 노동 분업의 역사적 출발점은 육체노동과 정신노동의 분업이다. 'German Ideology', p. 422 f.를 보라. [국역 69쪽.] 자연적으로 주어진 노동 분업의 발전과 함께, 육체노동과 정신노동의 분리는 더더욱 근본적인 것이 되고, 첨예한 분업, 대립이 된다. 결과적으로 **목표가 설정된, 목표를 실현하는** 힘의 지출이라 할 수 있는 노동 활동의 내적 통일은 상실되어 버린다. 노동의 정신적-지적 계기인 목표를 설정하는 것은 이제 신체적 활동 자체로부터 분리되며, 부분적으로 그것은 자연의 힘처럼 작동하는 비인격적 메커니즘으로 뒤바뀐다. 따라서 신체적 노동들은 더더욱 일면적으로 되고 더더욱 기계적으로 된다. 신체적 노동은 좁은 의미에서의 특정한 능력들을 키워 낼 것을 요구한다. **다른 모든 능력들을 상실해 가면서까지** 말이다. 신체적 노동은 인간 능력을 다방면에서 전개하는 것을 제약한다. 자연적으로 주어진 노동 분업에 얽매인 상태에서, 개인의 노동은 인간을 발전시키는 특성을 상실하며, 개인들을 변형시키고 그들의 발전을 가로막는 힘이 된다. (c) 정신노동과 육체노동의 분리에 기반을 두고 있는 사회적 노동 분업의 역사적 출현은 착취의 가장 초기 형태, 계급사회의 가장 초기 형태인 '아시아적 생산양식'의 형성과 필연적으로 일치한다. 계급사회의 틀 안에서, 노동 분업의 발전은 총체적인 사회적 생산물에 대한 공유의 관점으로부터 사회의 공동 사안에 대한 결정에 참여할 가능성에 대한 사회적 특권 등과 연관된 활동 부문들 간의 사회적 위계를 출현 및 성장시킨다. 마르크스는 '낡은 노동 분업의 폐지', 즉 '자연적으로 주어진' 사회적 노동 분업 형태의 폐지를 사회의 공산주의적인 전환이라는 하나의 근본 목표로 간주한다. 분명히 이는 소외를 역사적으로 극복하는 가장 본질적인 국면들 중 하나를 구성한다. 그러나 자본주의적 노동 분업의 폐지, 즉 **분화**specialization의 폐지가 마르크스의 저작에서 다른 측면을 갖기도 한다는 점 또한 언급해 두어야만 한다. 자본주의적 사회 형태의 속박으로부터 해방된 근대 산업 생산은 노동 분업의 제한된 한 부문에 온 삶을 능동적으로 투여하려는 특정 개인들의 욕구를 폐기한다. 실제로 누군가의 활동 형태를 (그들의 총체성과 그들의 다른 이들과의 균형에 대한 사회적 규제의 틀 안에서) 규제적으로 변화시키는 것은 이 새로운 토대의 일반 규칙이 된다. 마르크스의 이러한 관점은 (적어도 그의 후기 저작에서) 기술적 진보의 관점과 연관된 한정된 전제조건에 기반을 두고 있다. 즉 그는 기계 산업이 계속 양적으로 확대되어 가는 복잡한 노동의 모든 유형들을 하나로, 궁극적으로는 "인간 운동의 몇 가지 기본적 형태들"로 환원하는 데 성공했다고 가정한다. 그리고 이는 기술적으로 실현 가능하며 사회적으로 바람직한 분화의 폐지를 가능케 해 준다. *Capital*, Vol. I, p. 420 ff, 484 ff. 등을 보라. 자연적으로 주어진 노동 분업의 폐지가 서로 다른 생산 부문들에 개인들을 배치하는 **사회적 메커니즘**의 성격과 노동 과정의 성격을 전환시키는 것을 의미한다는 점이 위의 논의로부터 분명해진다. 그것이 개인들이 삶을 살아가는 동안 어느 정도까지 생산 활동의 형식과 유형들을 변형시킬 수 있고 대체할 수 있는지의 문제와 직접적으로 연결되지는 않지만 말이다. 이 주장은 (《자본》과 대조적으로) '낡은' 노동 분업과 소외, 신체적 노동과 정신노동 사이의 분할의 폐지를 세밀하게 탐구하는 《그룬트리세》에서 마르크스가 분화의 폐지를 언급하지 않는다는 사실을 통해 지지되는 것처럼 보인다. 그러나 마르크스의 사고가 전개된 내용을 보면 그의 입장은 때에 따라서 이 전제와 모순되는 것처럼 보인다. 《그룬트리세》와 《자본》사이의 차이는 이 두 저작에서 마르크스가 기술 진보와 생산 일반의 발전에 대한 미래의 관점들과 연관하여 서로 다른 전제들을 활용하고 있다는 사실과 관계가 있다. 이 차이는 예컨대 다음에서 명확하게 표현된다. 《자본》에 따르면 '자율적 공장'에서 모든 기계를 감독하고 바로잡는 것은 오직 '수적으로는 대수롭지 않은 계급의 인간들'일 뿐이지만, 《그룬트리세》에서 '산업의 자율적 체계'의 특징은 노동자가 "파수꾼이자 입법자로서 생산 과정 자체와 더 긴밀한 관계를 맺게"되는 것이다. *Grundrisse*, p. 705.

28      The German Ideology, p. 22. [국역 75쪽.]

29      'Aus I. Feuerbach', *MEW*, Vol. 3, p. 540.

30      The German Ideology, p. 22. [국역 71-72쪽.]

31      마르크스가 기술한 아시아적 생산양식 개념의 간략한 특징에 대해서는 다음을 보라. F. Tokei, *Zur Froge der asiatischen Produktionsweise*

(Berlin, 1969.)

32    에컨대 뉴욕 데일리 트리뷴에 실린 마르크스의 기사('The British
      Rule in India') [국역 '영국의 인도 지배',《칼 맑스 프리드리히 엥겔스
      저작선집 1권》, 최인호 옮김, 박종철출판사, 2000. 수록.]에서 동양
      의 '목가적인 마을 공동체'에 대하여 언급한 부분을 보라.

33    'Economic and Philosophic Manuscripts', p. 292. [국역 89쪽.]

34    *Capital.* Vol. 3, pp. 858 f.

35    'Economic and Philosophic Manuscripts', p. 304. [국역 127-128쪽.]이 인
      용문의 맥락에서 종종 논쟁이 되고 있는 마르크스 해석에 대한 문제
      들 중 하나, 즉 소외가 나타난 시대 **이전**의 문제에 대해 몇 마디를 덧
      붙이는 것은 꽤나 의미가 있을 것이다.《수고》에서 등장하는 정식화
      (인간 본질의 '상실'로서의 소외, 인간 본질을 '회복' 및 '복원'하는 것
      으로서의 공산주의)는 마르크스가 자연적으로 주어진 노동 분업과
      소외가 출현하기 **이전**의 역사적 상황을, 즉 인간 본질과 실존, 사회
      적 발전과 개인적 발전이 실제적인 통일을 성취하는 상황을 전제한
      다고 주장할 수 있게끔 해 준다. "복원과 회복에 대한 상상은 인간이
      본래적이었던 상태로 다시 되돌아가야만 한다는 생각을 함유하고
      있다. 인간의 통합된 형태는 역사의 시작에 전제되어 있다" H. Barth,
      *Wahrheit und Ideologie,* (Zurich, 1945.) p.115. 그러나 마르크스가 (루소
      가 말한 야생savagery의 시대와 비슷한) 전사적前史的 황금시대를 가
      정하고 있다고 주장하는 이와 비슷한 모든 해석들은 신중하게 재검
      토되어야만 한다. 실제로 마르크스에 따르면 사적 소유나 자연적으
      로 주어진 노동 분업이 출현하기 이전의 역사적 시기에는 노동 생산
      물이 인간에 독립적인 힘이 되거나, 그들을 지배하는 힘이 아니었으
      며, 오히려 그들의 현실적(공동적인) '소유', 인간 주체성의 비유기적

신체를 형성했다. 따라서 이런 의미에서 노동은 여기서 인간의 힘들과 능력들을 발달시키는 활동으로서 현실적이고 인류학적인 의미를 **직접적으로** 가지고 있었다. 그러나 한편으로 우리는 이 시대에 대해서 실제적으로 **인간적인** 노동에 대해서는 거의 말할 수 없다. 왜냐하면 이 활동은 직접적인 물적 필요들을 충족하는 것 이상을 거의 넘어서지 못하기 때문이다. 그것은 매우 좁게 제한되어 있다. 왜냐하면 인간은 여전히 노동을 통해 거의 건드려지지 않은 자연 환경에 **직접적으로** 의존하고 있기 때문이다. 둘째로 이러한 맥락에서는 우리가 엄밀한 의미에서의 개인적 발전과 사회적 발전이 만나는 지점에 대해서 거의 말할 수 없다는 점이 더 중요하다고 할 수 있다. 왜냐하면 마르크스적 의미에서 혹은 이 단어에서 **개인성**은 이 시대에 전혀 존재하지 않았기 때문이다. 마르크스는 개인 개념을 단일한 생물학적 유기체와 동일한 것으로 보지 않았다. 인간은 그들의 '유일성' uniqueness, 다시 말해 물리적-생물학적 혹은 생리학적 의미에서 그 자신과 타인들과의 차이가 굳이 강조되어야만 하는 개체가 아니다. 일반적으로 말해 개인성의 관념은 마르크스에게서 존재론적인 것이 아니라, 사회적-역사적인 범주이다. 인간 존재가 그들이 속한 사회 전체와 관련하여 어느 정도 실천적인 차이와 **상대적 자율성**을 역사적으로 획득한 곳에서만이 우리는 '개인들'에 대해서 말할 수 있다. 마르크스가 베라 자술리치에게 보낸 편지 *MEW*, Vol. 19.에서처럼, 그리고 《그룬트리세》에서 전자본주의적 소유 형태에 대해 논의한 것처럼, 우리는 자본주의에서의 소외의 보편화라는 지점에서부터 역사로 되돌아간다. 개인은 **직접적인** 사회 환경과 관련해서는 더 적은 자율성을 갖는다. 사회관계는 개인에게 그 스스로의 실존의 자기 증명의 틀로 나타나며, 개인이 속한 공동체는 그에게 문제가 되지 않고, 따라서 불변하는 단순한 객관적 **자료**이자 객관적 현존으로 나타난다. 이러한 의미에서 마르크스는 현실적인 역사 발전의 출발점에서 인간의 사회적 삶은 여전히 '동물적' 'The German Ideology', p. 422. [국역 69쪽.]이라고 말하며, 인간은 '집단적 존재', '무리를 짓는 동물', '공동체의 사슬 중 하나의 연결고리'일 뿐이라고 말한다. 개인성은 '추상적 개인'의 형성을 통해서, 즉 오직 역사적인 소외의 길을 통해서만 출현한다.

36    'Theories of Surplus Value', *MEW*, Vol. 26/2. p. 111. "자본주의적 생산은 [...] **실현된 노동**, 즉 상품에서 실현된 노동에서 가장 경제적이다. 그것은 인간의 어떤 다른 생산양식보다도, 그리고 살아 있는 노동의 그 어떤 다른 양식보다도 더 낭비이며, 이는 살과 피, 근육뿐만 아니라, 두뇌와 신경도 낭비한다. 일반적인 인간의 발전이 인류의 사회주의적 구성의 전조가 되는 역사 시기에 보증되어 있다는 것은 실제로 개인 발전의 차원에서 볼 때 막대한 낭비일 뿐이다." *MEGA*, Sect. II, Vol.3, Part I, p. 326 f.

37    *Grundrisse*, p. 105. 수정된 번역.

38    'Economic and Philosophic Manuscripts', p. 317. 수정된 번역. 이를 *Grundrisse*, p. 162.와 비교해 보라.

39    "[...] 공산주의 혁명을 통해 현존 사회 상태를 전복함으로써 [...] 그리고 이 전복과 동일한 것이라 할 수 있는 사적 소유가 폐지됨으로써 [...] 각각의 개인들의 해방은 역사가 세계사가 되는 한에서만 완성된다. 따라서 개인이 지닌 진정한 정신적인 풍요는 전적으로 그 개인이 처한 실제 상황의 풍요에 의존한다는 점은 분명하다. 이 점을 직시할 때만 비로소 개별 개인은 다른 국가의 혹은 지역의 제한에서 벗어나, 전 세계에 걸친 생산 활동(이는 정신적인 것들까지 포함하는 활동이다)에 실천적으로 관계하며, 전 지구 차원에 걸쳐 이루어진 모든 종류의 생산물을 누리는 능력을 획득할 수 있게 된다. 이런 **전면적인** 상호 의존 관계, 즉 개인의 **세계사적인** 상호작용은 자연 발생적 형태로 두면 낯선 힘이 된다. 이 힘은 인간의 상호작용을 통

170

해서 발생했음에도, 철저하게 낯선 힘이 되어 지금까지 인간을 압도하고 지배해 왔다. 이런 상호 의존의 자연 발생적 형태는 혁명을 통해, 이제 낯선 힘을 통제하고 의식적으로 지배하는 형태로 전환된다." 'The German Ideology', p. 429. [국역 81-82쪽.]

40    *Grundrisse*, p. 162.

41    "팔릴 수 있기 때문에 노동자들은 모든 것이 자신으로부터 분리될 수 있고, 모든 것이 판매될 수 있다는 것을 발견하게 되고, 이로써 그들은 정해진 관계에 종속된 존재에서 처음으로 해방된다." 'Arbeitslohn', *MEGA*, Part I, Vol. 6, p. 462.

42    'Theories of Surplus Value', *MEW*, Vol. 26/1, p. 353.

43    *Grundrisse*, p. 325.

44    'The German Ideology', p. 428. [국역 99쪽.]

45    'Marx: Letter to Annenkov, December 28, 1846', *Selected Works*, (International Publishers, New York, 1968), p. 670 f. [국역 '맑스가 파리 파벨 바실리예비치 안넨코프에게 1846년 12월 28일'《칼 맑스 프리드리히 엥겔스 저작선집 1권》, 최인호 옮김, 박종철출판사, 2000.]

46    'Marx-Engels: The Communist Manifesto', *Selected Works*, p. 36.

47    Lukács, *History and Class Consciousness* (London, 1971), p. 246. [국역《역사와 계급의식》, 박정호, 조만영 옮김, 지식을만드는지식, 2015.] 루카치는《자본》1권을 인용한다.

48      Gramsci, *The Modern Prince* (International Publishers, New York, 1957), p. 101.

49      여기서 요약해 놓은 루카치, 코르쉬, 그람시의 유명한 작업들에 토대를 둔 역사결정론에 대한 해석은 우리가 마르크스의 사회 이론 **전체**와 일치한다고 믿을 수 있는 것들이다. 그러나 동시에 마르크스의 어떤 정식화들, 특히 《자본》에서 등장하는 정식화들이 이 해석들과 **언뜻 보기에는** 모순적이라는 사실을 부인할 수는 없다. 《자본》에 대해서 세밀하게 분석할 때에만 저작 전체의 관점으로부터의 (만약 그러한 것이 있다면) 이러한 모순의 깊이와 의의를 발견할 수 있다. 이러한 맥락에서 이러한 성격을 갖는 구절들, 특히 《자본》에서 이 주제를 다루고 있는 부분들에 대한 마르크스의 언급이나 설명이 담긴 편지들은 특히나 주목해야 한다. 예컨대 그가 Отечественные з аписки[인민의 힘] 편집자들에게 보낸 편지를 참조하라. *MEW*, Vol. 19, p.107 ff.

50      "역사는 아무것도 하지 않는다. 그것은 '막대한 부를 소유하지 않는다.' '그것은 전투를 수행하지도 않는다!' 그렇게 하는 것은 **인간**, 즉 이 모든 것을 수행하는 인간, 소유하고 싸우는 실제적이고 살아 있는 인간일 뿐이다. '역사'는 한 개인이 그러하듯이 인간을 역사의 목적을 위한 수단으로 사용하지 않는다. [...] 역사는 스스로의 목적을 추구해 나가는 인간의 활동일 따름이다." 'The Holy Family', *Writings*, p. 385.

51      일반적으로 마르크스는 관념론적인 역사철학의 목적론적 관점으로부터 스스로를 구별 짓기 위해, 개인들과 직접적으로 연관되지 않는 차원에서는 '목적', '목표' 등과 같은 용어들을 사용하지 않는다. 그러나 우리는 때때로 마르크스의 저술에서 다음과 같은 정식화를 발견한다. "그러나 명백히 이 전도의 과정은 특정한 역사적 출발점 혹은

172

역사적 기반으로부터 생산력이 발전하는, 그러나 생산의 **절대적** 필
연성을 조금도 갖지 않는 역사적 필연성일 뿐이다. 게다가 사라지는
것, 즉 이 과정의 결과와 내적 목적은 이 [절대적 필연성의] 기반 자
체를 그것의 과정의 형식과 더불어 유예한다." *Grundrisse,* p. 831 f.

52    "이는 포이어바흐가 스스로를 공산주의자로 선언했을 때, 그가 스스
로를 얼마나 극도로 기만했는가에 대한 논의로부터 명백해진다. [...]
'일반 인간'common man[(국역본에 따르면) '공산주의자라는 말']은
인간Man에 대한 술어로 전환되고, 따라서 그는 실제적으로는 특정
한 혁명적 정당과 그것의 지지자를 의미하는 공산주의자라는 단어
를 한낱 [논리적] 범주로 변화시키는 것이 가능하다고 믿는다." 'The
German Ideology', p. 435. [국역 91쪽.]

53    *Ibid.,* p. 415.

54    'Economic and Philosophic Manuscripts', p. 293. 수정된 번역.

55    *Ibid.,* p. 294.

56    'The German Ideology', *MEGA,* Part I, Vol. 5, p. 283.

57    *Ibid.,* p. 293.

58    "우리가 교환, 가치 교환과 화폐의 미발달된 체계를 창조한, 그것들
의 미발달된 정도에 상응하는 사회관계를 검토해 보면, 이 사회 내
개인들은 그들의 관계들이 더 개인적으로 출현함에도 불구하고 특
정한 정의 속에 한정된 개인들로서, 즉 봉건 영주와 봉신, 지주와 농
노 등으로서 혹은 어떤 카스트의 구성원으로서 다른 이들과의 관계
성 안으로 들어간다는 것이 시작부터 분명해진다. 화폐 관계에서 발

달된 교환 체계에서(이 외관은 민주주의자들을 유혹한다), 인격적 의존성, 혈연의 독특성, 교육 등의 유대관계(적어도 **인격적인** 관계로 나타나는 개인적 유대 관계)는 실제로 폭발되어 갈기갈기 찢겨져 버린다. 그리고 개인들은 독립된 것처럼 보인다(이는 실제로는 단순히 환상일 뿐인 독립성이며, 더 정확히는 무관심한 상태로도 볼 수 있다). 이 자유로운 상태 속에서 다른 이들과 충돌하고 교환을 통해 관계를 맺는 방식으로 개인들은 해방된 것처럼 보인다. 그러나 개인들은 **조건들**로부터, 이 개인들이 접촉하는 현존 조건들(이 조건들은 결국 개인들의 독립성이며, 사회로부터 창조되었을지라도 자연적 조건들처럼, 즉 개인들에 의해 통제되지 않는 조건들로 나타난다)로부터 추상된 누군가로 나타날 뿐이다. 개인들에 대한 확실한 규정은 초기에는 타인들에 의한 개인들의 인격적 제약으로 나타나며, 더 발전된 경우에는 개인으로부터 독립되어 있는 관계들에 의한 개인들의 객관적 제약으로 나타난다. [...] 이 외재적 관계는 '의존적 관계'의 폐지와 그리 다른 것이 아니다. 이 관계들은 심지어 일반 형태에 흡수된다. 이 관계들은 단순히 인격적 의존 관계에 대한 일반적 **토대**의 출현일 뿐이다." *Grundrisse*, p. 163. 그리고 "인격적 의존 관계들은 인간적 생산 능력이 적은 정도로, 고립적으로 발달될 뿐인 최초의 사회 형태이다. 객관적 의존성에 토대를 둔 인격적 의존성은 첫 번째 시기에 일반적인 사회적 물질대사 체계, 보편적 관계의 체계, 모두의 욕구와 보편적인 능력들이 형성되는 두 번째 형태이다. 개인들의 보편적 발전에, 사회적 부로서의 공동적, 사회적 생산성에 의한 개인들의 종속에 토대를 둔 자유로운 개인성은 세 번째 단계이다. 두 번째 단계는 세 번째 조건을 창조한다." *Ibid.*, p. 158.

59    *Ibid.*, p. 540.

60    'The German Ideology', p. 461. [국역 144쪽.]

174

# 옮긴이 후기

1.

이 책은 루카치의 동료 및 제자들로 구성된 부다페스트 학파의 대표적인 철학자 죄르지 마르쿠스가 1966년에 헝가리에서 발표한 저서 *Marxizmus és antropológia: Az emberi lényeg fogalma Marx filozófiájában*의 2014년 영문 개정판 *Marxism and Anthropology: The Concept of 'Human Essence' in the Philosophy of Marx*를 한국어로 번역한 것이다(최근 주목받고 있는 아그네스 헬러 역시 부다페스트 학파의 일원이었으며, 이 학파 구성원들 대부분은 마르크스주의에 다원주의를 접합하고 소련의 정치 행보와 당의 공식적인 이론에 반하는 입장을 가졌다는 이유로 대학과 당에서 자리를 잃었다. 마르쿠스 역시 이 탓에 호주로 망명하게 된다). 이 개정판에는 '인정 이론'으로 잘 알려진 철학자 악셀 호네트와 저명한 사회학자 한스 요아스의 서문이 달려 있고, 번역서에도 그 서문을 포함하였다. 이 책은 마르크스의 전·후기 텍스트들에서 발견되는 인간 존재의 문제를 면밀히 다루고 있어 마르크스주의 인간학·인류학의 교과서 내지 안내서로 삼기에 적절해 보이며, 일본에서는 '마르크스주의 철학의 결정체'라는 평가를 받기도 했다.

2.

그런데 오늘날의 독자들은 이 책을 읽기 전에 먼저 이 질문을 스스로 던져 봐야만 할 것 같다. '마르크스의 인간학은 지금도 여전히 유효한가?' 포스트구조주의의 영향 아래에서 구성된 탈-마르크스주의적 문화 담론들의 유행 및 현실 사회주의 체제가 붕괴한 후 널리 퍼진 '마르크스주의는 이미 낡았다'는 온갖 혐의들에도 불구하고, 마르크스의 사상은 현 체제를 이해하는 데 여전히 중요한 역할을 하고 있는 것처럼 보인다. 공황 및 장기 침체, 기후 위기, 신자유주의적 지구화 등에 대해서는 물론이고, 노동자 투쟁 및 각종 민중 투쟁의 현안 등에서도 마르크스 사상은 여전히 현재의 논쟁들에 적극 개입하고 있으며, 또 실제로 그 유효성을 인정받고 있다. 그러나 마르크스의 '인간론' 내지 '인류학'에 대해서도 이와 동일하게 말할 수 있을까?

마르크스 인간론에서 큰 비중을 차지하는 소외 이론이 현대 사상가들 상당수에게 다방면에서 영향을 끼쳐 온 것은 사실이지만, 마르크스의 사상에서 인간 '본질'이 '노동'으로 설정되어 있다는 사실은 그의 인간론이 가진 치명적인 한계로 지적되고는 한다. '탈-노동'을 지향하는 담론들이 이미 강력한 힘을 발휘하고 있는 지금 시대에 이는 어찌 보면 당연한 현상일 수도 있겠다. 더군다나 지금은 인간의 노동 활동에 의존하지 않은 가치 생산의 다양한 양식들이 출현했다고 여겨지는 플랫폼 자본주의 시대이자 4차 산업혁명 담론 및 기본소득 담론이 전성기를 맞이한 시대이지 않은가.

한편 오늘날에는 인간의 '보편적 본질'을 논하는 것 자체가 금기시되기도 한다. 특히 인간적인 문제들을 사회·문화적인 가치가 반영된 차원에서 다루면서, 인간을 생물학적·의학적 보편성을 가진 존재로 설정하는 것(심지어 마르크스, 엥겔스가 그러했듯 훗날 우생학의 형성에 큰 영향을 끼친 다윈 이론을 수용하는 것)은 그 자체로 문제를 갖는 것처럼 여겨진다. 생물학 내지 의학 지식은 중립적 지위를 가장하여 보편성의 기준을 설정하며, 이 틀로 정상과 비정상, 건강과 병리를 구분하지만, 실은 이 구분 자체가 가치 중립적일 수 없기 때문이다. 테리 이글턴이《유물론》에서 지적했듯, 이러한 차원에서 현대의 문화적 담론들은 대개가 인간의 보편성 내지는 생물학적 본성에 대한 천착을 거부하며, '문화적 구성물로서의 서로 다른 몸들'에 주로 주목한다. 그 동안 추상적으로 마련된 보편성이라는 환상이 과학의 이름을 빌려 숱한 억압들을 정당화해 왔다는 점을 생각해 볼 때, 분명 이러한 시도가 갖는 가치를 함부로 평가절하할 수 없을 것이다.

그럼에도 역자는 사실 마르크스주의의 '보편적' 인간 개넘 내지 노동 개념이 오늘날에도 여전히 유효하며, 지금 유행하는 여러 인간 담론 및 소수자 담론 등에도 많은 성찰거리들을 마련해 줄 수 있을 것이라고 생각한다. 특히 마르크스는 인간이 지닌 생물학적 존재로서의 성격을 포기하지 않고도 그것을 역사적으로 변화하는 사회적 조건들과의 변증법적 관계 속에서 읽어 내려고 시도했다는 점에서, 오늘날 유행하는 담론들이 간과하고 넘어갈 수도 있는 것들을 다시금 되돌아보게끔 만들어 준다. 마르크스의 인간학은 '자연적 존재'이자 '사회적 존재'로서의 보편적 인간을 이해하려고 시도하면서도, 상호 교류 형태의 역사적 변화에 따라서, 사회·문화적 관계 형태의 변화 및 끊임없이 확장되는 새로운 욕구의 출현과 욕구 충족 방식의 진화에 따라서, 더 나아가서는 **역사적으로 변형되는 인간과 자연 사이의 관계 내지는 과학 지식의 진보에 따라서**, 매 시대마다 인간학 내지 인류학이 새롭게 갱신될 수 있는 가능성을 열어 놓기 때문이다. 저자 마르쿠스가 다음과 같이 지적하듯 말이다.

"만약 우리가 '철학적 인류학'을 인간의 초역사적인 특성들에 관한 것이라 본다면, 마르크스는 인류학을 가질 수 없을 것이다. [...] 한편으로 우리가 인류학을 [...] '인간이란 본질적으로 무엇인가'라는 물음에 대한 미완결된 해결로 이해한다면, 마르크스는 '인류학'을 가질 것이다. 이 인류학은 [...] 역사에 대한 탐구일 뿐이다."(본문 91쪽)

마르크스의 잘 알려진 '사회적 관계의 앙상블'로서의 인간 개념 역시 이렇게 '미완결된 해결'로 남아 있는 인간학의 수용과 함께 이해되어야 할 것이다.

3.

이 책은 '초-역사적 인간 본질'을 전제하는 인류학을 넘어서기 위하여 역사적 조건 속에서 끊임없이 갱신되어 가는 인간 개념의 형성 가능성을 모색하며, 이로써 **역사적으로 변해 가는 자연과 인간 사이의 관계들**이 인간 존재에 대한 탐구에서 중요한 이유를 계속해서 강조한다. 마르크스의 초기 저작에서 발견되는 인간학에 대한 분석과 (알튀세르주의자들을 포함한 상당수 마르크스주의자들이 받아들이기를 거부할 수도 있는) 이러한 인간학이 후기 정치경제학 비판에 미친 영향에 대한 해설과 함께 말이다.

이 기획을 위하여 마르쿠스는 마르크스의 노동 개념을 첫째, 인간과 자연 사이의 관계 차원에서, 둘째, 인간이 타인들 및 공동체와 맺어 가는 관계, 즉 사회성 차원에서, 셋째, 노동 활동과 인간 의식 사이의 관계 차원에서 차례로 분석해 나간다. 이 세 관계는 당연히 노동 활동이 가진 역사적 성격과 긴밀히 맞물려 있다. 마르쿠스에 따르면 노동은 무엇보다도 인간 본질이 그러하듯 언제나 고정불변하는 내용과 의미를 갖는 활동이 아니기 때문이다. 일각에서는 마르크스가 노동 활동에 대한 지나친 천착과 함께 인간을 '생물학적 욕구 충족', 기껏해야 역사적으로 주어진 수동적 욕구를 충족하는 활동에만 함몰된 존재로 전락시켰다고 비판하기도 한다. 그러나 이 책은 그러한 시각이 오해임을 분명히 밝히고 있다.

물론 마르크스에게 노동은 적어도 역사 초기 단계와 관련해서는 인간 유기체가 생존을 위해 수행하는 자연과의 물질대사 활동으로, 자신에게 유전학적으로 프로그래밍된 조건을 넘어서지 못하는 활동인 것처럼 여겨진다. 그러나 마르크스는 인간이 주어진 생물학적 한계에 계속해서 영향을 받으면서도, 그것을 넘어서 자연과의 관계를 다양한 방식으로 진전시킬 수 있는 가능성을 깊이 천착하기도 했다. 이 가능성은 바로 노동 활동으로부터 주어진다. 즉 마르크스에게 노동이란 인간이 사회적인 차원에서 자연을 자신의 '비유기적 신체'로 확장해 가면서, 그 활동 형태 및 생산물을 양·질적으로 넓혀 갈 수 있는 활동인 것이다. 그리고 결국 "인간의 욕구-충족 대상은 자연적으로 주어진 환경적인 것들이 아니라, 무엇보다도 생산으로 야기된 대상들, 즉 인간의 물적 활동을 통해 변형되고 형성된 자연적 실체가 된다. 따라서 구체적이고 역사적인 개인들의 욕구는 신체적, 화학적 속성 따위에 맞추어져 있는 것이 아니라, 그 자체로 사회적이고 역사적인 특성을 갖는 생산물들에 맞추어져 있다."(본문 36쪽)

심지어 이 활동은 자연과 '유용성'의 차원에서 관계 맺는 것을 넘어서 예술적 사물을 창조하는 활동으로, 그리고 대상을 주관 외부에 독립적으로 존재하는 객관적 실재로 다룰 수 있는 과학적 태도로 이어질 수도 있다. 마르쿠스에 따르면 이는 마르크스에게는 지극히 인간적인 특성을 갖는 것으로 여겨졌다. 마르크스가 정신노동과 육체노동 사이의 분리로 대표되는 '노동 분업'을 비판적으로 바라본 것도 사실이며, 이는 때로 소외와 동의어로 여겨지거나 허위의식으로서의 이데올로기의 출현과 맞물려 설명되기도 하지만, 그럼에도 마르크스는 "다양한 활동 형식들의 **구별**을 [...] 역사 진보의 본질적인 표식이자 구성 요소 중 하나라 생각"했다는 것이다.

요컨대 마르쿠스에 따르면 노동은 '자연적으로 주어진 욕구'와 '사회적으로 주어진 욕구' 사이에서 역사적으로 변화되는 관계 속에서만 이루어질 수 있는 활동이며, 생물학적 동물이자 사회적 존재인 인간에 의해 수행되는 그 '유'만의 독특한 활동이기도 하다. 따라서 노동 개념을 적절히 이해하기 위해서는 인간이 특정한 시대에 자연과 맺어 나가는 특수한 관계 양식과 그에게 주어진 한정된 사회적 조건 및 한 주체가 타자들과 맺는 특수한 관계 양식 사이의 변증법적 상호작용에 특히 주목해야 한다. 인간들이 이 활동의 과정에서 노동 양식 및 노동 생산물뿐만 아니라, 자기 자신을 어떻게 전환시키고 어떻게 재-창조해 갈 수 있는지 함께 이해하면서 말이다(마르쿠스는 자신의 '물적 힘의 객관화/대상화'로서의 노동과, 노동 주체와 그가 창조한 세계 간의 관계에 대한 논의를 통해 노동 주체 자신의 전환 과정을 논하면서, 인간의 '자기 인식' 내지는 '의식'을 마르크스주의적 시각에서 매우 심도 있게 다루며, 이러한 논의를 현상학적 주체 이해 및 의식 이해에 대한 비판으로 연결시키기도 한다). 그리고 마르쿠스에게는 이 인간의 자기 창조 과정, 그리고 그 과정이 이루어지는 사회관계의 총체적 작동과 변화 과정이 곧 역사로 설정된다.

마르쿠스 본인은 주목하지 않았겠지만, 이러한 노동론이 오늘날의 인간에 대한 탐구에서도 긍정적으로 활용될 수 있는 최대 장점 중 하나는 바로 이것이 노동 주체의 범위 역시 끊임없이 변화되고 확장될 수 있다는 사실을 암시한다는 것이다. 이 인간론에 따르면 역사적으로 변화하는 욕구에 따라서 예전에는 사회적으로 필요한 가치로 여겨지지 않았던 것들이 당대나 후대에는 사회적으로 필요한 가치로 인정받을 수 있게 될 수 있다. 기존에는 화폐의 가치로 환원될 수 없었던 활동, 즉 일반적으로는 상품 생산으로 여겨지지 않았던 활동의 가치가 지닌 의미 역시 역사적 변화에 따라 충분히 변형될 수 있으며, 심지어는 화폐의 가치로 환원되는 노동과는 전혀 다른, 그럼에도 자본주의에서의 '생산적 가치'와는 다른 의미에서 가치를 갖는 노동 양식이 출현할 수도 있다. 이러한 차원에서 마르크스의 '철학적' 노동론은 혹자들이 지적하듯 단순히 비장애인-남성 차원의 논의로만 국한된 채 정체되어 있는 것이 아니며, 19세기 이후 점차 확장되어 가고 있는 다양한 노동 주체의 탄생 및 노동 범주의 확장과 결합된 이론으로 끊임없이 갱신될 수 있다. 임금 노동자뿐만 아니라, '노동할 수 없는 자'(예컨대 중증 장애인)로 여겨지는 사람들에게도 마르크스의 인간론이 중요하게 활용될 수 있는 이유가 바로 여기에 있을 것이다.

마르쿠스의 노동에 대한 설명에서 특히나 주목할 만한 또 다른 요소는 그가 이 인간 활동을 인간이 지닌 역사적으로 진보해 가는 '역량', 다시 말해 개인의 자유 문제 및 그러한 자유를 촉진하는 사회적 조건과 연결하여 설명한다는 점이다. 물론 노동 활동은 이전 세대와의 관계 및 당대의 생산 양식, 그리고 다양한 타자들과의 관계 내지는 그 시대에 규정된 자연의 전유 가능성의 한정된 범위에 의해 수동적으로 결정된다. 따라서 이 활동의 양식은 자본주의적 착취에서 그러하듯, 인간을 소외시키는 방식으로 나타날 수도 있다. 객관적인 생산 조건이 노동자의 자유로운 활동을 위한 조건이 아니라, 노동자를 한낱 잉여가치의 전유와 확장을 위한 자본의 도구로 전락시키는 경우에는 말이다. 그러나 마르쿠스는 노동을 수행하는 과정에서 새로운 주체적, 개인적인 욕구가 계속 출현한다는 사실에 특히 주목한다. 소외 상태가 인간 개인과 자연, 타인, 자기 자신 등과의 관계를 지극히 일면화하고 이로써 노동 주체의 역량을 철저히 제한할지라도, 그 소외를 낳는 자본주의적 조건이 자연적으로 주어진 생존 욕구 이상의 것들에 대한 필요 내지 욕구를 전 지구적 범위에 걸쳐 다방면에서 발전시킬 수 있는 것처럼 말이다. 그리고 이러한 새로운 욕구의 생산은 또 새로운 노동 양식의 출현과 새로운 노동 생산물의 탄생으로, 더 나아가 새로운 사회적 관계의 형성으로 이어질 수도 있으며, 심지어 이는 자연 및 사회와의 관계에서 점점 더 확장되어 가는 역량을 가진 '보편적인 자연적 존재'이자 '보편적인 사회적 존재'로서의 인간 주체의 탄생을 위한 중요한 전제조건이 될 수도 있다. 물론 이 새로운 주체의 탄생, 즉 소외의 지양은 구성원 모두가 그냥 주어진 노동을 감내하고 살아간다고 도래하는 것이 아니라, 결국에는 혁명적 실천을 통해 사회를 변혁할 때에만 도래할 수 있을 것이다.

만약 우리가 이러한 마르크스의 노동관 내지 노동 활동과 긴밀히 연관된 의식에 대한 설명을 받아들인다면, 일반적 오해와 달리 공산주의는 개인들의 자유를 단순히 억압하는 체제가 아니라, 도리어 자유의 가능성이 더 보편적으로 마련된 체제일 수 있다. 왜냐하면 마르크스(적어도 청년 마르크스)는 공산주의 사회를 소외된 노동이 지양된 상태로 보며, 개인들이 자신의 역량 내지 개성을 다방면에서 자유롭게 확장할 수 있는 사회로 묘사하기 때문이다. 이 체제는 결코 고정된 한 형태로 남아 있지 않으며, 이 인간 개인들의 역량 및 개성의 지속적 확장 과정을 통하여 지속적으로 변해 간다. 이는 마르쿠스 나름의 당대 현실 사회주의 체제 내지는 스탈린주의에 대한 비판의 시도라고도 볼 수 있는데, 혹자들에게는 불편하게 다가올 수도 있는 이 책의 시도, 즉 '자본주의 사회와 공산주의 사회 사이를 도덕적으로 대비'하는 시도 역시 우리는 이러한 차원에서 이해해 봐야 할 것이다.


4.

이 책은 인간학 내지 인류학의 '완결판'이 아니다. 이것이 완결된 텍스트라면, 역설적이게도 이 책은 더 이상 마르크스주의적인 텍스트가 아닐 것이다. 따라서 이 책이 담고 있는 논의들은 오늘날의 세련된 담론들과 더 발전된 과학적 지식 등을 통해 충분히 반박될 수 있는 부분들도 있다. 이에 역자는 이 후기를 마무리하면서 이 인간론에 제기될 수 있는 비판들 몇 가지를 지적하고 그에 대한 역자 나름의 논평을 덧붙이고자 한다.

첫째, 마르쿠스가 다룬 마르크스의 노동에 대한 논의는 너무 인간중심적인 것으로 보일 수 있다. 마르크스의 인간론은 노동 활동에 대한 설명을 통하여 비인간 동물과 인간 사이의 차이를 지속적으로 드러내기 때문이다. 예컨대 마르쿠스는 동물이 "그가 속한 종의 '표준'과 욕구에 따라서만 행동할 뿐만 아니라, 이 범위에서만이 스스로를 지향할 수" 있기 때문에, "욕구로부터 벗어난, 욕구로부터 독립된 객관 세계는 동물에게 존재할 수 없으며, 동물 자신도 대상으로부터 독립된 주체로서 존재할 수 없다"고 본다.

그러나 노동 활동 및 의식, 즉 인간이 자연과 관계 맺는 방식의 차원에서 비인간 동물과 인간의 차이를 밝혀 주는 것이 반드시 비인간 동물과 인간 사이의 위계 설정으로 이어지는 것은 아니다. 오히려 인간만의 독특한 삶의 양식을 이해하는 것은 왜 비인간 동물이 현재와 같이 인간에게 억압을 받고 있는지를 역사적으로 밝혀 줄 수 있을 것이다. 이러한 차원에서 오늘날 '가장자리 상황 논증' 내지는 '쾌고 감수 능력' 등에 천착하여 인간과 비인간 동물 간의 위계를 해체하려 시도하는 동물권 관련 담론들을 마르크스주의적 인간 개념을 통해 비판적으로 검토해 보는 것은, 오히려 오늘날의 인간-비인간 동물 간의 억압 관계를 역사적으로 이해하고, 양자 간의 새로운 관계 설정으로 나아가는 데 긍정적인 역할을 할 수 있는 것으로 보인다.

둘째, 마르쿠스의 인간론이 결코 끊이지 않을 '자연의 인간화' 활동을 지나치게 미화한다는 인상을 줄 수도 있다. 심지어 이는 오늘날 기후위기와 맞물려 충분히 비판의 대상이 될 수 있으며, 마르크스의 인간학이 결국 생태 위기를 조장할 수 있는 이론이라는 오해를 양산할 여지도 있다. 마르쿠스의 해석에 따르면, 인간의 자유란 '자연에 대한 인간화의 확장', 즉 인간을 둘러싼 자연 환경에 대한 인간 개개인들이 잠재적으로 가진 역량의 지속적 확장과 맞물려 있기 때문이다. 마르쿠스가 생태학적 영역에 직접 많은 관심을 기울였는지는 알 수 없다. 다만 그럼에도 그는 인간의 이러한 역량 강화가 자연 환경과 인간 사이의 관계를 교란시킬 수 있다는 점만큼은 잘 알고 있었던 것으로 보인다(물론 마르쿠스에게 자연과 인간 사이의 균형 조건을 구성할 수 있는 것도 결국에는 인간이다). 이는 다음과 같은 말에서 명확히 드러난다.

"인간과 인간이 처한 환경 사이의 균형은 인간 활동에 의해서만 확보되고 유지될 수 있을 뿐만 아니라, 그 활동에 의해 끊임없이 교란되기도 하고, 이로써 그것의 더 넓은 기반 위에서 재창조되기도 한다."(본문 28-29쪽)

마르크스주의적 인간론이 반-생태주의적이라는 혐의에 대해서는 이미 많은 반론들이 제시되어 왔기에, 여기서는 엥겔스가 한 말을 인용함으로써 과연 정말로 마르크스주의적 인간학이 반-생태학적인지 논의해 볼 수 있는 작은 단서만을 제공해 두고자 한다.

"정복자가 피정복민을 지배하듯이, 자연의 외부에 있는 누군가처럼 우리가 자연을 지배한다는 말은 터무니없다. 오히려 살과 피와 뇌를 가진 우리는 자연에 속하고 자연의 한가운데 존재한다. [...] 우리가 자연을 지배한다는 말은 단지 우리가 자연법칙들을 알고 옳게 적용할 수 있다는 점에서 다른 존재들보다 유리한 입장이라는 것을 의미할 뿐이다."

_ Fridrich Engels, *The Dialectics of Nature* (New York: International Publishers, 1940), pp. 291-292. [국역《유물론》, 테리 이글턴 지음, 전

대호 옮김, 갈마바람, 2018, 18쪽, 재인용.)

셋째, 마르쿠스는 인간의 자연과 사회에 대한 보편화 과정에 대한 신뢰, 즉 역사 진보에 대한 낙관(그것도 청년 마르크스에게서 발견되는 역사 진보에 대한 '철학적' 신뢰)과 함께 마르크스주의의 일반적 특징 중 하나로 여겨지는 '역사결정론'을 수용한다. 여기서 말하는 '역사결정론'이란 오늘날 대대적인 거부 반응을 일으키고 있는 역사의 필연적 법칙을 전제하기에 충분히 비판받을 여지가 있어 보인다. 그러나 이 책이 수용하는 '역사결정론'은 결코 숙명론적, 속류-기계론적 역사 이해 내지는 초-역사적인 역사 법칙에 대한 진부한 정당화가 아니다. 또한 이는 역사 법칙을 자연법칙과 동일한 것처럼 환원하려는 시도도 아니다. 마르쿠스에 따르면 역사와 자연은 서로 관계를 맺으며 통일적으로 작동하는 것이지만, 둘 중 하나가 다른 하나로 전적으로 환원될 수는 없다. 이러한 차원에서 오히려 이 책은 포퍼 등 자유주의 사상가들에 의해 널리 퍼진 마르크스주의 역사관에 대한 조야한 비판은 물론이고, 속류 유물론 내지 스탈린주의 식 역사 법칙 이론에 대해서도 적절한 비판을 제공해 줄 수 있다.

"[역사적 전환을 위한] '해결책'이 실제로 출현할 것인지 여부는 대립하는 사회적 이익들과 객관적 모순들의 존재만으로, 즉 위기 자체의 출현만으로 보장되지 않는다. 거기에서 벗어날 수 있는 유일한 방법만이 있는 역사적 위기란 없다. [...] [변화의] 가능성들은 인간에 의하여 그들의 행위에 의하여, 계급의 혁명적 실천에 의하여 실현된다. 이러한 사회적 활동은 토대인 경제적 결정 요인들을 넘어선 다수의 구체적인 역사적 요인들(상대적으로 볼 때 전적으로 우연적인 것일 수 있는 무언가)에 영향을 받는다. 만약 다양한 구체적 환경들의 결과로서, 혁명적-실천적으로 끊임없이 '역사적 해결'의 과업을 이행할 수 있는 주체적인 힘이 없다면, 위기는 끊임없이 완화된 갈등과 모순만을 재창조할 것이다."(본문 114쪽)